TEMBLOR DE ESPEJOS

"Abre tu boca, juzga con justicia,
y defiende la causa del pobre y
del menesteroso".

Proverbios 31: 9

TEMBLOR DE ESPEJOS

—Selección de poemas sociales—

JUAN MATOS

Poeta Laureado de Worcester 2020-2022

Una publicación de Books&Smith.

Temblor de espejos -selección de poemas sociales-

Primera edición:
Editorial Santuario, Santo Domingo, RD (2021)
© 2021 Juan Matos

Segunda edición al cuidado de BooksandSmith
Diseño portada y contraportada: Edgar Smith

Contacto con el autor:
juanmatospoeta.com
jemc1024@gmail.com

ISBN-13: 979-8-9889495-3-4

Impreso en República Dominicana

La reproducción, venta, copia y/o diseminación de este material por cualquier medio posible, físico o virtual, o de cualquier otra naturaleza, presente o futura, está prohibida sin la autorización previa y por escrito del autor o su representante editorial.

Dedicatoria:

A
la memoria de mis padres Epifania Cuevas de Matos
y Juan Bautista Matos con gratitud eterna por todo el amor
prodigado y la virtud de la solidaridad y servicio al prójimo
que sembraron en mí.

A
la memoria de mi hijo Manuel David Matos Díaz,
—Nono, Viejo Mánue— eterno sol en mi memoria.

A Alma, esposa y compañera más allá de sus desvelos;
a nuestros hijos, Manuel David, Juan Ernesto y Kate;
Alma Leticia y Jimmy; y a nuestra adorada nieta Amelia,
todos ellos, violetas que, me pueblan y me dan vida…

A
mis mentores José Segura, Rhina Espaillat y Jacobo Walters
savia de sabios, agua de cactus uno y otro conjugados;
mi eterna gratitud y respeto, por su amor y sus enseñanzas.

A
Mayra Paulino, José Manuel —Chiqui— Matos; Leonardo de la Cruz, Pedro Rafael —Pedrito— Acosta; Alejandro Paulino, César Sánchez Beras, María Arteaga, Dagoberto López Coño y Diógenes Abréu; a **VETAS** —vale decir— Clodomiro Moquete (*In Memoriam*); por el apoyo a mis primeros versos; y a los bienamados hermanos de la *Tertulia Miercoletras* su apoyo, su presencia, por la ternura y el amor que me prodigan.

A
los Maestros René Alfonso, José Enrique Trinidad y Jesús Rivera; por la formación recibida a través de sus programas radiales
La excelente música del Mundo; El gran musical y Proscenio;
respectivamente, espacios que fueron —y siguen siendo, para mí y otros tantos— fragua, escuela que, a través de sus voces, plantaron el aprecio a la estética de las buenas canciones y versos de cantores y poetas. ¡Salud! A copa levantada por lo que siguen siendo, allende la Memoria y la Identidad.

A
Justo, Luperón (Frank Adolfo), Lilia Catheline —In Memoriam—

Yorik Piña, Napoleón (Poncho) Terrero; Víctor Manuel (Vitico) Terrero y todo elenco del *Cuadro de arte dramático* por haber inspirado y guiado a tantos hacia las artes.

A
la *Hermandad de Estudiantes Bateyeros,* nido de la conciencia social a través del *Grupo de Poesía Coreada de la HEB.*

A
los bienamados hermanos de *Familia Bateyera, Barahoneros 4x4* y de la *Fundación Los Buenos Amigos,* por los aportes en esta interminable lucha por el Pueblo de Barahona.

Gratitud:

A los escritores y académicos Odalís Pérez, José Novas y Cristina Piñeyro por la generosidad de escribir los exordios sobre este poemario. Igualmente, a los poetas y académicos Luis Carvajal, Ofelia Berrido, César Sánchez Beras y Silvio Torres-Saillant por sus valiosas reseñas.

A los entrañables hermanos Pedro Acosta Matos, Águeda Antonia Ramírez de Rodríguez y Rosina Anglada por la generosa colaboración al revisar los textos.

A BooksandSmith y su Director-fundador Edgar Smith por el profesionalismo y esmero en la edición de éste y todos los libros de mi autoría.

COMENTARIOS SOBRE LA POÉTICA SOCIAL
DE JUAN MATOS

"Juan Matos, académico laureado, nació y vivió en un batey y esa experiencia marcó su imaginario y su vida. Los poemas que escribe en esta primera parte huelen a tierra húmeda y fértil, saben a caña y susurran el canto del trapiche. Lo indecible es trasmitido en figuras retóricas que hacen sentir en la piel del lector el látigo del conquistador; y escuchar el llanto del ultrajado. Es una poesía realista, pero altamente simbólica. Su poesía social mantiene una mentalidad crítica frente a la realidad poetizada: juego de metáforas que cautivan, poesía comprometida con los pobres, con la falta de libertad que denuncia, las condiciones de vida infrahumanas de los bateyes y los abusos del poder. Matos pertenece al grupo de poetas que han considerado que la poesía puede ser un instrumento para concientizar a la sociedad sobre las injusticias como lo fueron César Vallejo, Blas de Otero y Pablo Neruda. El estilo sin conflictos técnicos ni encasillamientos de Juan Matos permite el goce de su creación y de su recreación. Las palabras se sienten, se palpan y se convierten en colores y olores."

—Dra. Ofelia Berrido—
Académica y escritora.

"Con la epístola a Fernando Batey y la evocadora pieza "Osamí es bateyera", en la que Osamí representa la contrapartida femenina de Fernando, puede que estemos ante la más conmovedora evocación de la experiencia humana en el batey en toda la poesía dominicana. Hay incontenible homenaje a la gente de buena voluntad que pueblan la memoria del poeta, gente "de abajo" de la que rara vez se ocupan las ilustradas plumas que tan fácil les resulta convivir con la injusticia, la desigualdad y la exclusión de su entorno social y político. Estos textos rugen contra regentes, subalternos y/o cómplices del *status quo* injusto, desigual y excluyente que el poeta otea con ojos indignados y enjuicia en voz alta. También aquí se denuncia lo mucho que nos queda de la herencia colonial, esa fragua persistente donde se fundió la lógica cultural de las sociedades de nuestro hemisferio."

—Silvio Torres-Saillant—
Académico y escritor.

"Por el hilo conductor de este libro intimista, testimonial y acusador, se pasean los variopintos temas de la poética antillanista y americana. Su musicalidad —que sirve de corcel— lleva sobre sus grupas lo negro de Guillén, lo amoroso de Neruda, lo trágico de Lorca, lo iracundo de Darío y lo desgarrado de Vallejo, de ahí que, quienes entren en estas páginas a jinetear con Juan Matos, seguro que se sentirán desnudos en sus interioridades, pues serán vistos por esa mirada redonda que solo tiene los poetas. Estamos, sin duda, frente a un cosmos escritural en donde aparecen todas las aristas del hecho humano y del hecho estético, pues Juan pone en las manos de quien se enfrente a este libro, la mirada redonda del poema que va de lo social a lo amoroso, de lo histórico a lo intelectual como hecho lingüístico."

—César Sánchez Beras—
Escritor y ensayista.

La poética social de Juan Matos, impregnada de una realidad inaceptable, con la autenticidad por norte, está enraizada en el deber, el sentir y la conciencia. Se desliza, rompe el alba, abre caminos, rutas y manieles con un empuje lingüísticos vital. En ella hay un dinámico y elocuente cuestionamiento al ser y su ética. Es una poesía contestataria, denunciante y exigente y las torceduras del ojo que la mira y el puño que, al leerla, se aprieta hasta el sentir más íntimo del ser.

—Dagoberto López-Coño—
Escritor y gestor cultural.

Temblor de espejos:
Una radiografía de su creador

Cuando tomé en mis manos la obra del distinguido amigo Juan Matos, presentí que su lectura me pondría en riesgo a ser asaltado por un torbellino de emociones, como de hecho ocurrió. Quien conoce al poeta encuentra en el libro "Temblor de Espejos" una radiografía de su creador. El escritor concatena una secuencia de poemas, relatos, sonetos —y tal vez a manera de cuento— pasajes intrahistóricos, que, en todos los casos, se ajustan a lo que una vez sentenció el filósofo español Miguel de Unamuno: "Cuando se siente el pensamiento, se piensa con sentimiento".

Creo que, para definir la obra, la palabra radiografía constituye un acierto, porque en su hilo conductor se percibe hasta la respiración de su autor. Es que Juan Matos desde joven descubrió su vocación por las letras y escogió el camino para cultivar la literatura a través de la poesía. De ahí que no resulta extraño que usara un ardid, genial diría yo, para evitar ser calificado, como si se tratara de un escurridizo del bajo mundo y se hizo llamar: *"yo, un homicida voluntario"*, ¡auténtico repentismo creativo!

Es que, viniendo de un batey en la provincia Barahona de República Dominicana, aprendió por cuenta propia que su origen estaba ubicado en "el país de los olvidos", y no tuvo reparos en plantear que la felicidad *regresa del futuro, rumiando la incertidumbre de su presente*. A él, como a muchos obreros de la palabra, le tocó abordar la nave en busca de la educación superior, durante una etapa convulsa en aquel plantel, que además de ser un oasis de conocimientos, albergaba falsos catedráticos mezclados con gente de ideologías rebeldes y entre enfrentamientos con balances en muertos y heridos.

Por esas razones, de vez en cuando, su preocupación lo atormentaba y, por amor a las letras, abrazaba inquietudes sociales e inclinaciones políticas. Su dedicación parecía ligadura de ansiedad y reproche, al extremo de cuestionarse si suponía que debía estar muerto. Sus ilusiones se tornaron en tormentos y mientras trataba abrirse paso por el sendero de la vida, terminó como miles de los que no le quedó otro camino que partir hacia "el exilio económico".

Durante aquel lapso, navegó sobre un mar de lamentaciones, que, a su vez, reflejaban la angustia que por dentro llevaba el poeta, cuando en ejercicio de introspección proclama: (Pg.64)

"El exiliado no es un sólo hombre.
Es el hombre que se fue y el hombre que llegó.
El hombre que se fue, se fue,
y dejó cuanto quedó, que, quedándose,
sin embargo,
no está."

Así, sucesivamente, la inspiración se va deslizando lentamente hacia ostracismo de las divisas y crece la perturbación de su destierro.

Entre gemidos, el pasajero ambulante no tomaba pausas, ni descansos, ni siestas, no se detuvo a pensar en los olvidos de la aldea en el país que dejó atrás ni en los desprecios que descubrió en la nueva morada al norte; *sabía que en el hoy, como en el ayer, la palabra era una espada, que se tornaba en insignia bajo la fragua de los inviernos.* Dentro de su cabeza se movía un aluvión de encrucijadas y con plena conciencia caminaba evadiendo el eco de los cañones y el rugir de las sirenas, tan comunes en las calles del Bronx, siempre acompañado por la certidumbre, de que, más al sur de aquel lugar, residen la esperanza y la vida.

El tiempo con su acumulación de telarañas empuja el abandono fuera de su cauce y en ocasiones el impulso sube al obrero de la palabra al escenario de la cuerda rota o lo reduce a gitano; aun así, el poeta encuentra energías en el fondo de su alma para hacer temblar los espejos, abrazado a un otoño con su respectiva niebla, que hace resbalar la vida, la memoria y los altares sagrados.

El recuerdo del ardiente sol que le había tostado la piel, pasa al contraste inusitado del invierno casi nórdico en Nueva Inglaterra, desafiando códigos de la naturaleza, bajo herméticos abrigos y zapatos sobre hielos que endurecían los dedos, le adormecían la nariz y daban la sensación de quemarle las orejas; estaba dispuesto a sobrevivir para construir su legado.

Cada vez que pudo, el poeta manifestó que nunca tuvo miedo, ni albergó temores a comenzar de nuevo, sabía que, con la muerte, el espíritu se trasmuta en símbolo de libertad; pensaba que tenía a Dios dentro de él, pero necesitaba cómplices para cavar la tumba donde tenía que enterrar todo lo que dijo. En ocasiones la poesía floreció a la sombra de sus anhelos, bajo una luz tenue y trémula al mismo tiempo, acompañada por un soliloquio en un espacio sombrío, embriagada con una copa de vino agrio y amargo.

Pero el ocio era tanto, que bastaba y sobraba para el hacedor de ilusiones con el uso de las letras. En sus cavilaciones el poeta no concebía un mundo sin cantos ni versos; tampoco imaginó la zafra sin el sudor de los braceros, sin sol ardiente sobre sus cabezas, sin mochas en sus manos, ni cañaverales atados a la tierra, sin bueyes tirando carretas y sin ferrocarriles moviendo vagones.

Empero, el invierno es magia para los de allá, y tormento para los que llegan. Bajo sábana tejida con nieve, el hombre que se fue, y el hombre que llegó, evocan en primera persona el pasado que dejaron atrás. En medio de una lucha llena de vacilación recuerdan la historia de los orígenes, en un intento por reescribirla, colgando el rostro en un rincón del espejo de la mujer amada.

Sabía el poeta que el pasado era otra cosa y para contarlo debía despertar del sueño, porque en estado taciturno no se puede recordar el clamor de Montesinos el Domingo de Adviento frente a los sordos cortesanos de la reina católica. La sentencia del encomendero imponía sembrar dolor para producir la eterna la cosecha que debía florecer en suelo antillano.

La carta que en su momento le escribe al Tío James Baldwin (Pg.161) lo dice todo: la advertencia del ancestro habría de cumplirse, creía entender cuando la historia se retorcía era señal para deshacerse de ella, solía decir que su sangre corría por las venas del poeta, que se debía impedir la ignorancia y evitar que el olvido te atara a un nudo, en fin, había que jugarse la vida bailando al compás de un cadencioso ritmo, cuyas letras proclaman la antítesis, del soy del otro.

Es que, si el trabajo para ti es un enemigo —como sentencia la clásica composición— eres un verdadero "negrito del batey". El contraste se destapa y se advierte, porque que los creadores de esa canción eran negros traídos en la era colonial, que ahora vivían bajo la condición de bohemios, al extremo, que uno de ellos murió mientras deambulaba por las calles de Nueva York embriagado por el alcohol bajo gélidas temperaturas. ¡Qué ironía! Escribir las letras de un merengue que discrimina el color de quienes lo bailan rebosantes de alegría.

La voz poética destaca en *Tuyo es el rostro de mi espejo* (Pg. 165) que *negra era la sangre, taínos los surcos, crueles los látigos y blancos la ira y el deseo de plusvalía*. Del mismo color eran las bendiciones y las hostias, el don de la hacienda y la doña de la estancia, y al otro lado se divisaba el contraste del bohío al lado del templo suntuoso, con cruz y campana imponentes que imponen la fe, en uno y en otro lugar, el negro era el criado de aquel y la negra la criada de aquella y sobre el pulpito, cubiertos por sotanas de seda y entorchados dorados, los impostores proclamaban en el discurso: "las almas no tenían color" y que, "ante Dios, todos somos iguales".

El dolor se hace recurrente, la bota inclemente vuelve a presionar los cuellos desvalidos, una y otra vez se repite la angustia y con las manos atadas sobre la espalda, se escucha dos veces un grito casi imperceptible: ¡*no puedo respirar*!, la agonía se hace presente le da la bienvenida a la muerte, la asfixia que, por siglos y siglos, tantas vidas ha costado y se repite y el universo continúa dando vueltas...

Las campanas con sus estridentes sonidos en pocos días se hacen cómplices, anunciando la fiesta para dar gracias a la Providencia cuando llega el feriado, en medio del júbilo, no faltaron las fugas y las escapadas; la evocación recordaba que las lomas acogían a los cimarrones, negros, indios, mestizos, criollos, etc., que en sus adentros cantaban:

> *¡Ay mi negra Pancha, vamo' a bailá*
> *que los negros libres un día serán!*

y por fin, de un porrazo, llega el verano de 1793 y se rompen los grilletes para escribir la historia, borrando todo el maquillaje, se escuchó el grito de libertad o muerte en la isla caribeña.

Por un momento el poeta lanzó su mirada hacia la derecha y se percata que *un plenero de Borinquen se atravesó en el camino, tocando su conciencia a ritmo del son caribeño,* aquel isleño trashumante como él, lo hizo señalar, con sentimiento de culpa, el destino que le dieron a ese breve territorio y no dudó en hacer responsable al tirano que le impuso los males que padece. El poeta, como si fuera un Magistrado, condena el desatino y se detuvo a leer un verso anónimo escrito por un vecino de su aldea:

"Bajo tanta ignominia, busco la razón,
para elevar mi frente, al firmamento,
en acto de justicia y reconocimiento,
para honor y gloria a la memoria de Mesón".

Es que donde nació el poeta, también vio la luz un personaje de leyenda que luchó contra la tiranía de Trujillo; su nombre, Mesón, que devino en símbolo del más cruel padecimiento: sentado con sevicia draconiana en una silla, dotada de electricidad, para magnificar su tormento. El mérito de Mesón no es sólo uno, antes de ser asesinado, probó que era un excepcional atleta que representó dignamente al batey de procedencia, que, al ingresar a la armada, creó la conciencia y enfrentó las injusticias. Su legado forma parte de los relatos intrahistóricos contenidos en esta obra, cuyo influjo poético y el motivo que la inspira, la hace merecedora de un espacio en la narrativa dominicana, dentro de la isla y más allá de sus fronteras. La voz poética, siendo consecuente con la Memoria Histórica, lo reivindica junto a la Raza Inmortal, lo cual enaltece el valor histórico y poético de este libro.

José C. Novas
Escritor.

El Porvenir: un sueño, una utopía y una quimera en la poética de *Temblor de espejos*.

En los primeros años de la década de los setenta, el joven provinciano Juan Matos, arriba —desde su Batey Central del Ingenio Barahona— a la sede capitalina de la Universidad Autónoma de Santo Domingo (UASD). Impactado por el escenario, inicia —aún sin saberlo, una colección de poemas sociales, extraídos y capturados del diario vivir de una sociedad flagelada por la injusticia social. No obstante, al decir de José Martí: *"El mensaje del poeta no está en lo que escribe sino en cómo lo escribe"*. Martí se refiere al poeta como cronista de la sociedad en la que vive; y aduce, ..."*debe ser un "Paseante" que observa el acontecer y lo denuncia.*" De ahí que Matos se estrena en el recuento de los hechos que sacuden a su generación de postguerra y la horrenda experiencia de la nueva dictadura disfrazada de democracia, impuesta tras la invasión de Estados Unidos de América, en 1965.

Es en ese contexto histórico que el bardo —a través de sus crónicas y poemas sociales recopilados en sus *"Cuadernos Uasdianos"*— conserva la Memoria Histórica de los acontecimientos que estremecieron la conciencia social; y que más tarde surten la colección de este poemario: **Temblor de Espejos -Selección de poemas sociales.**

En esta entrega cronológica de las etapas del autor encontramos versos libres, prosas poéticas y poemas métricos, como formas literarias en las que, de acuerdo a la ensayista Ofelia Berrido: *"mantiene una mentalidad crítica frente a la realidad poetizada: juego de metáforas que cautivan, poesía comprometida con los pobres, con la falta de libertad que denuncia, las condiciones de vida infrahumanas de los bateyes y los abusos del poder";* y añade: *"El estilo sin conflictos técnicos ni encasillamientos de Juan Matos permite el goce de su creación y de su recreación. Las palabras se sienten, se palpan y se convierten en colores y olores. Su obra poética abierta a un contenido social no se acerca a lo sentimental o a la lírica común. Sin embargo, se aleja del tradicional lenguaje de la poesía social coloquial y directa. Sus versos lloran las injusticias desde lo ontogénico alejándose de lo puramente material y político".* Juan Matos crea un sistema organizativo que permite al lector trazar un vector cronológico y así poder justipreciar los cambios sociales, vejámenes y crímenes acaecidos. Además, el poeta persigue educar e instruir a cada uno en el conocimiento de la verdad, y así trazar el camino hacia la reparación del tejido social destruido desde antes y durante los años de ignominia.

Una radiografía a **Temblor de espejos** revela los cuatro estadios, a saber:

1- *" Nuestro pasado hacedor y culpable de este presente"* prosa que narra el despertar del poeta a la realidad social.
2- *"Estamentos del estado y de sus personeros en el País",* donde aborda el tema de los grupos de alcurnia y poder, plasmando piezas literarias alegóricas al caso, incluyendo la conscupicencia de la jerarquía de la Iglesia Católica Dominicana con los estamentos del Poder. Luego el sentido tema de la migración forzada: el exilio económico.
3- *"El destierro que sufre un ser Humano"* y las vicisitudes y vejaciones que atraviesa al ser arrancado de su tierra y los suyos… testimonios presenciales y de diferentes grupos étnicos para agregar al significado.
4- *"La Diáspora depauperada y la sacritud de la Identidad",* poesía y prosa poética sobre la dificultad del irse y asimilarse, sin desterrarse jamás.

Al leer este poemario, se cierne sobre nosotros un sentimiento que, más que híbrido, es múltiple en facetas y matices; ya que en su estructura interna expresada en versos libres y métricos, prosa poética y fotopoemas, se subvierte el lenguaje con la finalidad de concitar la atención del lector. En adición, las epístolas incluidas tienen un valor testimonial presencial y fiel. Son crónicas que, junto a todo lo demás, proveen evidencia histórica, que edifican a los jóvenes contemporáneos y a los que han de venir.

Para el lector contemporáneo queda el reto de inferir y definir, comparar y contrastar las analogías sociales del Juan Matos joven, poeta uasdiano que arribó a la Ciudad Capital de Santo Domingo con la realidad palpitante de su *hoy*. Entonces entenderá y hará temblar los espejos de los estamentos que le habitan.

I -Momentos de lucha y resistencia; el joven poeta llega a la ciudad Capital

¡Arriba el adolescente cuasi-hombre a la capital! ¡A la Universidad Autónoma de Santo Domingo, ese lugar donde puede escoger entre conocer y desconocer! Uncida su geografía en la espalda, los ojos cromados de sueños y tristezas, murmullos enterrados en su cabeza, que no callan desde lo más íntimo. ¡Romper el mito y cancelar la utopia!

La travesía hacia una nueva vida. La inocente candidez y el ímpetu de la ilusión en busca de nuevos horizontes. Pero hay una memoria social y personal que subyace donde acumulamos permanentemente lo vivido, apostados en la reinvindicación de los pueblos y la reconstrucción del tejido social en la medida de lo posible. Resentidos, ansiosos, ávidos, miramos a las cumbres neblinadas, lloviznadas donde serpenteados y enlodados yacen a media luz los caminos del porvenir.

Empero, la introspección provoca y despierta el recuerdo que emerge triste y poderoso, dispuesto a rebelarse. Una experiencia difícil, plagada de impotencia e ira, pero a su vez didáctica e inspiradora en términos axiológicos. La noción del ser, la primicia de vida que alguna vez nos engalanó con la promesa del porvenir. Una promesa incumplida que quedó impresa en las pupilas de los tantos nóveles, como Juan Matos —vida incierta, intrincada, donde el bienestar se escurre… y la esperanza es trémula.

Ese sentimiento de esclavitud genuflexa y rabiosa, de su Sur, que había callado Juan Matos por años. Entonces la denuncia se hace necesaria. Ahora se activa y organiza un poderoso ejército de ideas, que irrumpen, evidencian y denuncian el pecado social. Y… a través de la palabra (como vehículo) y la verdad (como receptor) unidas en la voz poética. Ser la voz de los desposeídos y denunciar la sociedad fallida de entonces. (Ver *Yo, un homicida voluntario; Pg. 34*)

Vivir bajo la férula de un gobierno impuesto desde fuera con una agenda de crímenes hacia la población, de violencia política, violación de los derechos humanos, y donde se acentuaban las diferencias entre ricos y pobres, fue el caldo de cultivo para la formación de grupos de resistencia política, diseminados a través de diversos foros. Uno de estos fue la poesía; que, en este preciso momento, fue la herramienta que el bardo incipiente hizo suya para denunciar las agresiones del "despotismo ilustrado" del régimen.

La poética de Juan Matos se nutre de su experiencia personal y de un archivo de acontecimientos donde descansan las bases informativas de "Temblor de Espejos," trabajo que más tarde agrupó como parte integral de su obra poética en términos de poesía social. Además, tiene un valor didáctico incomparable para crear la conciencia social a través de discusiones y diálogos socráticos con los estudiantes de secundaria, que es el segmento preparatorio para la universidad, y donde es necesario fortalecer los valores éticos y de compromiso social.

En "Temblor de Espejos" palpamos —porque *«Esto no es un libro; quien toca esto, toca a un hombre»* (Walt Whitman)— a un Juan Matos poeta-militante que denuncia el caso social y emotivo con toda la belleza y amplitud que provée la poesía *per se*, mas con *"rabia inescrutable"* y con dolor por el Pueblo y por él mismo.

2- Nuestro pasado hacedor y culpable de este presente

En su prosa introductoria, "*Yo, un homicida voluntario*", el autor emplea los elementos necesarios para hacer de la poesía social que aquí vemos una herramienta educativa que —cronológicamente, muestra el ordenamiento de los sucesos y acontecimientos políticos y sociales, propios para una guía temática tanto en las Artes del lenguaje como en los estudios curriculares de Historia.

Este ordenamiento temporal es la transgresión importante aquí, porque, si mostramos fragmentos de este poema, nos daremos cuenta de que el autor, usando su memoria histórica, ha convertido el pasado en presente, favoreciendo así la creación del archivo social que fundamenta la base de su poética social. Pero... ¿Cuáles son los grandes temas que sobrevuelan la efervescencia de las luchas sociales de entonces? *"Temblor de Espejos"* es la recopilación de tiempos difíciles capturados en el testimonio mismo del poeta. Prueba al canto:

"Yo, que me porté bien. Que asistí al catecismo, memoricé evangelios, oraciones y cánticos. Yo pluscuanperfecto Yo que obedecí a papá, a mamá y a papá Dios, siempre y en todo momento y Amén. Yo, me declaro un homicida voluntario. Yo que hice todo lo que me dijeron que debía hacer, siempre en el nombre de mi propio bien; que practiqué abstinencias, recité lecciones con punto y coma y final – incluyendo a Carreño Moral y Cívica: Cuál que más, en el nombre del Padre, del Hijo y del Espíritu Santo y Amén: Yo me declaro un homicida voluntario". (Extracto de "Yo, un homicida voluntario" P.34)

En **Temblor de Espejos** existen diversas vetas historiográficas que nos posibilitan el entendimiento de la poesía matosiana.

- **La Obediencia ciega y La Ley de Vida:** el libre albedrío es una de las libertades inherentes del ser humano más preciadas, es lo

- que nos hace únicos e inimaginables, polvo de estrellas de lo insondable, que impide el cautiverio y denota la incapacidad de soportar cadenas físicas o mentales.

Sin embargo, nuestra sociedad promueve un modelo canónico, en el cual coexisten áreas que afectan el funcionamiento óptimo de cada ente social. El desarrollo de los individuos se limita en pos del cumplimiento de las reglas sociales. Es una sociedad que impone absoluta obediencia como método de control; y surge aquí la problemática que nos plantea el poeta cuando se acusa de homicida por obedecer las reglas impuestas en términos de religión, estamentos del Estado, un Estado manejado, por gente de alcurnia con apellidos rimbombantes, y una clase militar que protege los intereses de la clase en el poder... Es esa la conclusión a la que arriba Matos, como diciendo: "hice todo lo que me pidieron, quise ser más que perfecto "... sin embargo, eso no me libró de los males endémicos de mi Sur y mi Pueblo, yo mismo colaboré para liquidarme".

No obstante, hay un detalle muy interesante, y es que estas reglas formativas en cada estamento social son elementos de presión hacia los individuos con la deliberada intención de controlar la población y perpetuar el "status quo". Todos estos comportamientos y reglas que nos inculcan desde temprana edad son el mecanismo de control que se ha impuesto casi imperceptible y sutilmente. Ni siquiera los mismos individuos se han percatado de esta componenda; y esa estructura social y familiar ha sido la creación perfecta para alojar todos estos cánones y antivalores que, de hecho, son antiéticos.

- **Esperanza/Futuro, el Mañana...** sombras fantasmagóricas que se dispersan y disipan en el tiempo sin rendir una explicación; y el Mañana, la esperanza, el futuro, ¿dónde están? ¿Se fueron?

"Yo, que entonces niño les escuché decir: mañana... esperanza ... futuro ¿Quién diseñó este hoy? ¿Quién habló de futuro? ¿Acaso era esta mierda?" El desencanto se adueña; y aflora la frustración como evidencia de réplicas, de carestías y dolores. El futuro prometido si se "portaba bien" fue una promesa trunca, perdida, una falacia... Y siguió el tiempo pasando; fue niño y luego adolescente y recordó:

"...Cuando el hombre y su método te revientan, pero, no las diferencias del sistema, aunque tu mano izquierda —envuelta en funda plástica y atada a tu cintura— se retuerza sudorosa. Tiempo sólido y exacto: subyace el sortilegio de los cuestionamientos en un...

indiferente muro que silencia, con metal encendido, el estruendo de gargantas... Tal vez se agazapó la rabia. Mas no el olvido"

--Extracto de "Adolescencia," p. 36

Silenciar el clamor de los depauperados y sedientos de justicia a golpe y fuerza de balas, de persecución, de apresamientos, de desapariciones y exilios sería la opción de la reacción, mas los hechos permanecerían en las pupilas por siempre.

3- Los estamentos del Estado y sus personeros en el *"País de los olvidos".*

Al fragor de las luchas del pueblo en contra de los servicios de inteligencia y huestes represivas del Estado, surgen los movimientos revolucionarios lidereados por jóvenes de la época de post guerra. Siendo que su función era la de educar al pueblo a través de la denuncia político-social, se organizaron los clubes culturales con sus correspondientes grupos de poesía coreada. A esta era pertenecen los archivos sociales o *"Cuadernos Uasdianos"* en los cuales el poeta agrupa la primera parte de *"Temblor de Espejos"*. A partir de ese momento, el poeta, apostado en su bastión de lucha —la UASD— nos edifica, nos muestra con su poesía lo que guardó en sus pupilas y en su memoria.

"Hierve la sangre en todas partes
no sólo en esta UASD
de las luchas eternas
allá
en el núcleo del pueblo herido
en la médula de la sociedad indignada
se sienten
se sienten
las puñaladas a los cadáveres
los golpes sobre los rostros de los héroes caídos

se sienten
se sienten
los mudos gemidos
de los presos

lacerados en las funestas solitarias
en las aterradoras salas de tortura
en las oscuras escenas del horror
telón final de los desaparecidos..."

--Extracto de *"Hierve la Sangre,"* p. 37

...Y decía el estribillo en las manifestaciones estudiantiles: *"¡El pueblo unido jamás será vencido!"* Esta frase quedó como fósil y estandarte de entonces. Los hijos perdidos, excomulgados por querer salvar la Patria, a la deriva, en los fatídicos doce años, grupos revolucionarios resultaron exiliados, abatidos, desaparecidos y exterminados.

Lo importante de la denuncia poética es la descripción detallada que traza ante nuestros ojos los sucesos, de una manera fiable y transparente, facilitando su enseñanza como Poesía, siendo que la estructura sintáctica y semántica de estos poemas crea una perfecta combinación, tanto en términos de la estructura de las oraciones, la escogencia de las palabras y los tiempos verbales (sintaxis-gramática) que han de ser puntal en la construcción del significado disémico deseado.

Cito algunos versos sustanciosos por cuanto nos describen el pecado social de entonces...

...todo era incierto entonces

"El hombre viene..."
anunciaban los diarios y veíamos las botas
y el uniforme

todo era incierto entonces.

Nos quedamos sin brújula

a expensas de las bestias
y la bestia mayor en el Palacio Nacional...

--extracto de *Roman, Nunca Supimos* p. 41

- "... todo era incierto..." es una frase lúgubre que nos anticipa algo triste por la disemia misma de las palabras y el juego de oxímoron (todo–incierto) que crea la expectativa

- "*El hombre viene...*" estribillo–ritornello para mantener la cadencia en la estructura del poema y crear la conección entre estrofas-significado.

- Hay una concordancia entre lo sintáctico y lo semántico —confluencia de palabras. Se brinda una panorámica cuando menciona las botas y los uniformes, las bestias del Palacio Nacional. Estamos en presencia de una metonimia, donde se sustituye el todo por la parte: todos estos elementos obviamente representan la milicia y su proceder. Esto es evidencia del uso eficaz de las figuras retóricas por parte del bardo.

4- El Clero, los cristianos protestantes y los *"patriotas de la alcurnia"*.

Señalada en algún momento como "el opio de los pueblos", la religión ha servido de enlace entre los gobiernos y grupos de poder. Ha colaborado con el oficialismo. Ha sido el bálsamo que calma las heridas emocionales y huecos afectivos en nuestra maltrecha sociedad. El poeta denuncia firmemente el contubernio entre la jerarquía de la Iglesia Católica Dominicana y la tiranía de Trujillo, y la subsecuente influencia con los demás gobernantes que le sucedieron.

Con relación a ese contexto político-social, extraigo algunos versos que de manera explícita ponen de manifiesto los conciliábulos entre el clero y el oficialismo, en contra de la gran masa del Pueblo…

¿Con cuánta$ cuentas del Rosario
$e ama$a el oro clerical?
¿Cuánta$ penitencia$ vale $u $ilencio?
¿Cuánto$ dígito$ pueblan el $oborno
de conciencia$
Ni con todas las homilías
se cura el purgatorio del descaro.
(…)
A las sombras de sus sucias sotanas:
¡Hay que derrocar al presidente!

Estos versos-denuncia son otra evidencia del uso apropiado de la aliteración y la construcción metafórica del dinero del Estado entregado a la Jerarquía Eclesiástica a cambio de la ignominiosa complicidad que respalda la corrupción de los gobernantes.

No obstante, Matos rescata la noción de Dios y la separa del accionar político de la jerarquía católica. El poeta, personalmente, dignifica el ejercicio cristiano y su fe en los versos citados a continuación, creando un equilibrio que provee veracidad y firmeza al texto poético *"Palabras al Señor de las alturas"*; en el que, además, reafirma la fé en Dios como entidad suprema; presentado como ente de justicia, necesaria en la sociedad para rediseñar la conciencia del individuo:

"Señor que iluminaste con piedad y ternura,
Señor que caminaste las tierras y las aguas
con el verbo en las manos que sanaron a tantos,
Señor de Misericordia —jamás el del terror ni del miedo"

--Extracto de *Palabras al Señor de las Alturas*, p. 52

5- El destierro que sufre un ser humano.

El lar deja una huella imborrable en la vida de todo ser humano. En el caso del exiliado, éste pierde la continuidad que le corresponde, y de repente tiene que asimilarse en otro universo de vida donde es nuevo todo. Recordemos los versos del cantautor León Geico: *"desahuciado está el que tiene que marcharse a vivir una cultura diferente"*. Las circunstancias que rodean a los inmigrantes de todas partes son, en la mayoría de los casos, de orden político-económico. La pobreza extrema y la subversión demagógica de los gobiernos juegan un papel protagónico en regiones extremadamente depauperadas. No obstante, tan espeluznantes son las razones que conducen al exilio, como la vida que sufre cada inmigrante fuera de su tierra...

Así, el poeta, en calidad de exiliado económico, apela a sus reminiscencias y tristezas para poemizarlas. Las amasa en un canto-lamento, reclamado y esputado; como un pedir cuentas, como un entender que es el cuerpo biológico lo que es temporal —y no así la memoria, que es íntima de la perenne añoranza.

> *El hombre que se fue, se fue,*
> *y dejó cuanto quedó, que, quedándose,*
> *sin embargo,*
> *no está.*
> *El hombre que llegó*
> *vino solo.*
> *pero en sus ojos trajo todo*

Extracto del poema "La llusión de la memoria", p.64

Como hemos señalado anteriormente, el poemario *Temblor de espejos* tiene un valor didáctico y, ciertamente, es apropiado emplearlo en clases de Español, de Historia y Ciencias Sociales o en cualquier tipo de programas bilingües. Este sería de gran beneficio para el estudiantado, por diversas razones:

- Es notable en términos gramaticales el uso del pasado simple en éste y otros poemas; recurso al que el poeta acude para habitar el tiempo y articularlo. Ese pasado no existe, porque todo queda por siempre en la mente del hombre. ¡Excelente, estrategia!
- Fortalece el origen de cada estudiante que ostente una situación migratoria.
- Crea un orgullo y apego a su pasado y mantiene el recuerdo de las cosas que cree dejó atrás, pero que permanecen guardadas en su mente.
- Le ayuda a sobrevivir y a entender su nueva realidad ante el asombro de saber que el mundo en el que está ahora se suma al que ya tenía y su universo se amplía. Esta es una tésis valiosa para iniciar el tema de escritura creativa con nuestros estudiantes

6- La Diáspora desposeida, el éxodo económico y la sacritud de la identidad.

El ser humano que enfrenta el exilio se ve forzado a responder al esquema que se produce a causa de la falta de recursos y la imposibilidad de alcanzar un nivel de vida digno. En ese tenor, se reconstruye en diferentes vertientes de vida. Sin embargo, caminamos hacia otros senderos, y lo que somos (valores e integridad) nos acompaña...

> *Les digo:*
> *allende al sur y sus olvidos*
> *allende el norte y su desprecio*
> *existimos*
> *allende el amarillo de las páginas leves,*
> *excluyentes agendas y tuertos noticieros*
> *existimos. Somos más que voces distantes.*
>
> *Hoy —como ayer, la palabra es espada,*
> *insignia, fragua de los inviernos...*

--Extracto de *La Diáspora*, p.69

La voz poética se hace plural por los olvidados allá, por los no valorados aquí; y el perenne intento de borrarlos, fortalece, templa, endurece el carácter del migrante, mediante la palabra.

…Y transcurre el tiempo … y se atrinchera el ser con lo que vendrá y se da la fusión y cobra valor la experiencia pueril del migrante poeta.

Habiendo compartido sus primeros años de vida, mientras crecía en el Batey Central Barahona, con la comunidad de migrantes haitianos que incursionaban territorialmente desde el vecino país; y habiendo experimentado la discriminación y el soslayo, creó el estado de conciencia para identificar y rechazar la xenofobia por parte de la élite de la región. Todo eso devino en la postura de resaltar la identidad acá, en el exilio.

Es notable destacar la experiencia de la realidad social en los bateyes, como el Batey cinco, que era una comunidad haitiana donde la escuela era en creole/patois y se vivía a la usanza del pueblo haitiano. Surgiendo así un sincretismo. De suerte que nuestro poeta podía percibir la nitidez oníxica, el sabor de las lágrimas y el olor de la voz de todas las Osamís que terminaron poblando la memoria impresa en la poética. Esta poética memorial de Matos ha producido textos trascendentales. A juicio del académico y escritor Silvio Torres Saillant: *"Con la epístola a Fernando Batey y la evocadora pieza "Osamí es bateyera", en la que Osamí representa la contrapartida femenina de Fernando, puede que estemos ante la más conmovedora evocación de la experiencia humana en el batey en toda la poesía dominicana".*

Este cofre donde el poeta atesora las historias agridulces de Osamí, como nos lo dice en este epígrafe y en algunos versos alegóricos del poema que escribe:

Osamí es bateyera

…Más que mi sangre,

llevo mi identidad entre mis venas…

> *Se llevaron las vidas en infinitos sacos de sangre granulada. Nos dejaron el hambre, las calles destrozadas, la cachispa en la piel ... se llevaron los soles, la melaza, la caña ...*
>
> --Extracto de *Osamí es bateyera*, p.141

Muemen y Fernando, —personajes entrañables en la vida del poeta, a quienes él considera "parte de sí mismo", representan una tristeza constante de la que no se cura. Y es que ambos amigos de inolvidables pasan a encarnar a la niñez bateyera arrebatada por la pobreza y la marginalidad. De hecho, la portada *Temblor de espejos* representa a esos *"niños sin noche"*. La muerte cerró los ojos y cortó el andar del querido Muemén. Nunca sabremos lo que hubiese alcanzado. La brisa trae el murmullo de los secreteos de Muemén: *"si las casas de ladrillos de la Primera Avenida, cerca del Country Club hablaran… y uno en ese otro club de obreros…"*

En ese mismo tenor, hay otras voces redimidas:

> *"Mamá Degá, manos de magia en la cocina…"*

Y esta otra estampa del Batey:

> *"Coño, Cologüí, tienes que irte de aquí! ¿Es qué no entiendes, coño?*
> *¡Qué te vayas pa' tu Haiti! ¡Coño, Cologüí, quién lo diría…"*
> *Muemén, Degá, Senclú, Lamesí... Batey que ya no es.*

Ellos se escuchan en la voz poética como alegatos eternos, pérdidas, ganancias, tristezas, sufrimientos, añoranzas… El lar querido donde conoció a tantos que ya no están, pero que se escurren y pululan reminiscentes y se abre el sendero de las memorias. Sembrados en el alma y el quehacer del poeta, están el olor azucarado, la piel de limón y el ruido ocre encenizado de sus vidas. Osamí, Muemén: todos están sembrados en lo profundo del ser…

Y en su andar peregrino, el poeta migrante toca otros lares y otras vidas. Se nutre su pluma ante la presencia de vidas restadas por el éxodo masivo; es la pluma de la historia del despojo, del soñar otros sueños, de la pantomima lugareña, de todos a quienes nos explotan, en un intento por extraer lo que somos; y nos nombran "exóticos", "raros"; y nos encasillan, nos vilipendian y nos ningunean.

La voz poética continua consecuente a otros escenarios donde el ser humano es discriminado; y se identifica:

No es su piel sino guitarra
rasgueada para la magia
de su tacón encendido.
Gitana de mil azares
boca de vida y de muerte
embrujo de tez morena

¡vale un infierno tu arena!

--Extracto de *Gitana*, p.95

"*...anunciando tu ida, sin Gloria en las arenas. Pero igual no te mueres. Te desadaptan, te marginan, te ignoran. Te invocan al revés de la postal, te estereotipan, te desuellan ... Pero igual sobrevives con tu historia y tu canto de pariente matrona, auténtica Gitana, herida de la vida que abierta se desangra mas no se desgitana*".

--Extracto de La otra gitana -*la bailaora retirada.* Pg.96

Sería interesante llevar a las aulas el enfoque de este texto que resalta las condiciones de segregación que padecen los desplazados a través del planeta y los efectos negativos que produce. No obstante, como nos muestran las dos piezas poéticas anteriores, a pesar de todas estas vejaciones, no les han podido arrancar su identidad ... no se *"desgitana"* de la misma forma que los hijos de la tierra no se *"destierran"*.

7- La estructura interna en "Temblor de Espejos"

Este aspecto llama poderosamente mi atención puesto que en esta colección de poemas sociales el poeta crea un patrón basado en diferentes formas narrativas. Nos brinda *poemas* en los que esculpe las palabras con firmeza y fuerza para diseñar los surcos del camino seguido de una *fotografía poética*, que tiene como base la subversión del lenguaje, la ambigüedad y el instante poético para su entendimiento. Entonces, las prosas, que pueden ser extensas y breves, documentan y facilitan el entendimiento, transgrediendo y habitando el tiempo. Entre ellas se destacan dos espístolas: *"Carta a Fernando Batey"* y *"Carta al Tío James Baldwin"*. Finalmente, los fotopoemas con un mensaje rápido, claro y conciso, y en un fondo oscuro, entre otros tipos de narrativa para concitar la atención del lector y el significante del texto poético. Afirmo que es una genial estrategia escritural.

Y… me pregunto: ¿Por qué *"Temblor de Espejos"*?

Cada uno de nosotros tenemos dimensiones y niveles plenos de esa intimidad que es nuestra y solo nuestra. Ese mundo insólito que cobra existencia al traspasar el umbral de un espejo, un mundo que —en cierta medida, no existe. Es una zona translúcida de naturaleza binaria; es un intermediario entre las apariencias ficticias y lo palpable. Al observar las imágenes reproducidas, las aceptamos como una representación verdadera, mas no cuestionamos su origen ilusorio.

No nos percatamos ni entendemos la utopía que presenciamos. Ese lugar dentro del espejo, donde creemos tener una copia de la realidad-verdad, es en sí un espacio vacío, inexistente, que nos envía una imagen irreal, que nos diseña la ilusión de que estamos donde no estamos y nos podemos ver donde, lo que está, es la ausencia. En ese espacio estarán representadas la imaginación y la conciencia. (Ver *Del estático lar; Pg. 131*)

Esta es la noción preconcebida de realidad mágica, que habita en ese espacio y que se torna inamovible, quizás por el aurea sobrenatural y fantástica otorgadas a esas historias que pretendemos guardar por la necesidad de querer creer que fueron reales alguna vez. Sin embargo, el poeta descubre que esos años, los que habitan el espejo, son los años perdidos, contenidos en una región inexistente, un conjunto vacío que, al tratar de cotejarlo y confrontarlo con ese reflejo, permanece inalterable en nuestra imaginación.

Es entonces que la realidad de la ficción se hace luz y sobreviene el entendimiento que hiere esa superficie ilusoria, y todos esos recuerdos guardados en el cofre de cristal se anulan. Se pierden en la nada. Trepidan. Tiemblan ante el desengaño… Y, así, ese *"Temblor de espejos"* destruye y resquebraja aquel mundo maravilloso, pero fingido, en el que el autor había creído y confiado. Todo se desmorona ante sus ojos y se desdibujan las imágenes pulverizadas por las orlas del tiempo; y se escurren como agua entre los dedos o, bien, sencillamente, tiemblan…

Cristina Piñeyro
Académica y escritora.

Referencias:

Berrido, Ofelia: *Viaje al mundo poético de Juan Matos*
https://hoy.com.do/viaje-al-mundo-poetico-de-juan-matos/
https://hoy.com.do/viaje-al-mundo-poetico-de-juan-matos-labrador-de-palabras-parte-2-2/

Torres Saillant, Silvio: Exordio sobre *"De soles abiertos"*
en *"Labrador de palabras" (2021)* del poeta Juan Matos

Zúñiga, Aracelis" *A Pablo Neruda en el corazón*
https://stunam.org.mx/8prensa/8forouniver1/forouniver3/8fu3arteycultura1.htm

Temblor de espejos: la memoria en el tiempo

¿Qué recorre esta memoria poética y temporal del escritor dominicano Juan Matos? La voz que habla, a veces grita en este libro titulado *Temblor de Espejos* (2021), es un acto de escribir desde los signos recordados como poesía de un tiempo que involucra origen, historia y presencia. Estos poemas, imágenes y prosas memoriales desentierran momentos que brotan del resistir ontológico, testimonial y social.

De ahí el acto que convoca al lector como testigo de una vida escrita y en cuya inscripción encontramos las demás obras del autor. La épica de *Temblor de espejos* se pronuncia en el siguiente poema que define la poética del libro:

"El otoño del carbón que ahora me mira resbala en la memoria. Penetra hasta el invierno de mis huesos. Lo alimento con trozos de mi vida disuelta que estallan como trigal sesgado por tormentas de pecho. Danza el amor encendido espejando la noche de mi interior que no descubre sino cicatrices camino hacia la luz. Por las grietas del olvido se cuelan desesperadamente las verdades. Resistir a ser humo sobre la piel de plata en la que se identifica mi rostro una y otra vez... Dos, tres, innumerablemente se revelan mostrándome sus surcos de luna y de desesperanzas, como cartas marcadas por la geografía de las penas. Estas también caen al incendio ante mis ojos asombrados que juran que no tiemblan ellos, sino los espejos-los altares impuestos". (p. 102)

De esta manera, los estados poéticos del poemario se ofrecen al lector como noche, día, cicatriz, memoria, huesos, alimento, camino, luz, grietas, olvido, verdades, rostro, geografías, espejos y otros conformantes verbales que entronizan los modos de ser del poeta en el poemario y en sus mundos encontrados y percibidos.

Como ya hemos visto en otros libros (*Labrador de palabras*, 2020), *Con Pecado concebido* (2004 y 2021), las paulas de su escritura son también huellas temáticas como el batey, el sujeto bateyero, el espacio familiar, la presencia del origen, el viaje, la explotación colonial, el ente desplazado, el exilio, la muerte y otros constituyentes que se dejan leer y sentir en su poética testimonial. De manera que *Temblor de espejos* obedece a las cardinales imaginarias, geográficas y biográficas del autor, en cuyo mundo está presente un texto cultural fragmentado por lo que ha sido o fue la sociedad dominicana de la segunda mitad del siglo XX.

Algo que sobresale en estos textos de trinchera, amor, lucha social y esperanza humana es su temporalidad, donde se hace observable el espacio cuasi-mítico de la Universidad estatal. El encuentro y a la vez el desencuentro como fenómenos internalizados en la poética social de Juan Matos evidencia toda una iconografía política del significante epocal, activado también, mediante una escritura sellada por un sentido profundo y a la vez marcado por sus propios caminos.

El espaciamiento que expresa *Temblor de espejos* dinamiza un cuerpo existencial y vital justificado en las imágenes del recuerdo. Línea de creación que tiene su respaldo en poetas dominicanos que le han servido de estímulo al poeta Juan Matos.

Así, encontramos aquí cicatrices, signos, historias de vida y fuerzas que pulsan e impulsan el orden vocal y rítmico del poema como heredad, asombro y travesía. La declaratoria del exilio económico (1997-2020) es indicadora de una constancia de vida:

> *"No me da miedo comenzar de nuevo".*
> *No temo entrar en la noche sin abrigo,*
> *Ya el día tejió sobre mí, trincheras.*
> *No me da miedo comenzar de nuevo,*
> *Romper el ritmo de las horas diarias,*
> *y decirme que ya es tarde la mañana..."*
> *(p. 104)*

En su travesía como poeta, Juan Matos "prosifica" y "poetiza" el mundo de la vida dominicana en un exilio que lo recorre con sus ecos, cuerpos y signos memoriales. Lo que en este caso se traduce en textos donde el espacio-raíz absorbe los elementos convertidos en temblor de reflejo o espejo. La metáfora del temblor gravita en el poema "De soles abiertos", en el cual se puede advertir un pulso ontológico motivado por la "cosa"-ritmo de vida que se reconoce en su poesía-testimonio:

"De soles abiertos solivianto musas. Hay tornados intrínsecos socavando demonios. Preciso el filo de la espada que ilumine este túnel. Pido piedras chispeantes. Magma que pincele murales denunciantes. Voces-navajas que taladren silencios cómplices de satisfacciones inmediatas. Hay tanto combate a oscuras en las adoquinadas salas... Hay un combate de olvido sobre el hombre al doblar la esquina. Alguien desdobla códigos, aúlla, y luego impone, a muros, el absurdo del odio... la sutileza del discrimen". (p. 106)

Hay en esta selección de textos una intencionalidad poética visible y sensible como poética de un encuentro-desencuentro existencial y espacial. Hay en *Temblor de espejos* varios libros que se encuentran en una mirada con raíces infusas y fuerzas de lo social que movilizan núcleos poéticos visibles en lo que es, hasta ahora, el corpus poético de Juan Matos. Las voces que hablan en *Temblor de espejos* se reconocen en ese ir y venir de la visión memorial contra el olvido. Las señales de este *Opus* significante instruyen, inducen a un lector que de pronto asume también este "nuevo arte de trovar" y de extender el vínculo que nombra y se construye como mundo, del poeta. Y así, en la primera etapa de este *representamen* que es *Temblor de espejos,* se tejen la socialidad y la poeticidad en un abrazo creacional que toma en cuenta la vuelta y la salida de un mundo en el cual se vive con la cardinal del vestigio y las formas de una clave de esperanza y travesía de sentido.

En efecto, los fondos metafóricos y metonímicos del poema que se abre en estas etapas bioliterarias de Juan Matos crean una expansión del significado y la sustancia de la escritura; lo que genera entonces un puente entre el exilio y el regreso del poema motivado también por circunstantes de tiempo y espacio. Mirada y escritura que se complejizan en el enmarque de una lectura plural y en una modernidad plural.

La metáfora doble del temblor y el espejo produce un significante poético pluriexpresivo, pues el alcance del cuerpo verbal y poético organiza el mensaje como forma-sustancia expresiva en cada cardinal del libro, de tal manera que la visión de espejo y temblor produce en tiempo, voz y persona la conjunción y el relato, el órgano poético-social que define la perspectiva, la travesía del poeta y el poema. Todo lo cual se puede leer y releer en la selección de Juan Matos.

El ícono anticolonial junto a la lírica y la épica propiciada por el temblor, precisa del reflejo y el sujeto que "desacomoda" el cuerpo atravesado por la voz generadora del poema; a la vez que, el poema mismo revela su ritmo y huella que justifica la suma de voces convergentes en la concepción del poema como mundo-lenguaje. Todo esto abre mucho campo en la creación del poema-imagen en el mundo latinoamericano y caribeño.

Se desprende de estos poemas sociales una poíesis verbal organizada alrededor de un sujeto que memoriza los signos esclavos de la insularidad, del batey y otros espacios marginales de la sureñidad de los movimientos típicos de la vida urbana y rural del país.

La primera persona que funciona como autobiografía del sujeto escritural motiva la poeticidad del sujeto-personaje en el introito de *Temblor de espejos*:

"Yo, que me porté bien, que asistí al catecismo, que memoricé evangelios, oraciones y cánticos. Yo pluscuamperfecto, monaguillo intachable. Yo que comulgué en domingos después de confesar mis pecados veniales. Yo que obedecí a Papá, a papá Dios, siempre y en todo momento y amén: yo me declaro un homicida voluntario. Yo, que hice todo lo que me dijeron que debía hacer, siempre en el nombre de mi propio bien, que practiqué abstinencias, que recité lecciones con punto y coma y final –incluyendo Carreño Moral y Cívica; cívico cual que más, en el nombre del Padre, del Hijo y del Espíritu Santo y Amén: yo me declaro un homicida voluntario". (p. 34)

Lo que "habla" el poeta en su posición enunciativa se revela en el modo expresivo de ver el mundo como expresión ética de un existente que ha cumplido para obtener su derecho a ser-en-el-mundo-de-la-vida. De ahí el conflicto que pronuncia el poeta en estos poemas irónicos, sentientes y en muchos casos declarativos.

Es importante destacar que estos poemas sociales se resisten a la pérdida de una memoria escrita, sobre la base de un sentido viviente de la historia. Lo que significa para el poeta también una vuelta a la mirada de un mundo presentificado en la diversidad de formas compartidas, en base a la voz de un testimonio temporal y ontológico. Poemas como "Adolescencia", "Hierve la sangre", "La rabia inexcusable", "Román, nunca supimos", "Aquí en la UASD", "El país de los olvidos", "De espaldas…", "Palabras al señor de las alturas", "Supongo que debemos estar muertos", enlazan las formas del pasado con el tiempo de un presente memorioso que el poeta celebra utilizando en todo el libro las fotos como visión iconográfica de un tiempo recobrado.

La parte del libro titulada "Desde el exilio económico. Primeros inviernos", constituye un cauce biográfico y un recurso al "biografema" como forma del pasado-presente del poeta. De ahí el pronunciamiento memorial constitutivo de la historia, el recuerdo de su mundo recordado y sellado en la página abierta:

"El exiliado no es un solo hombre.
Es el hombre que se fue y el hombre que llegó…
El hombre que se fue…
Y dejó cuanto quedó
… quedándose…"

La cardinal del exiliado articula una poética histórica del sujeto legible en poemas como: "Las cumbres genocidas", "En el exilio de divisas", "De la diáspora…", "De mi identidad", "La sentencia" y otros. La misma poética del recuerdo-testimonio se advierte en el poema "Azúcar, cayo y puerto" como huella del sujeto bateyero (*"Fernando está ahí: desconocido, anónimo / juzgándonos desde su rincón y desde su orfandad"*).

Toda esta parte del poemario sigue una vertiente cardinal del poemario que acoge en su espacio poético "La telaraña del tiempo", esto es, la marca del ser social en sus propios pasos en la historia. "La cuerda rota" es otra herida itinerante que nos lleva a la lectura de una biografía de la "sureñidad:

"Mujeres sin amanecer,
Hombres sin mañana
en los cañaverales
de Batey uno
de Batey dos
de Batey tres…
bateyes y bateyes…" (p. 89)

Como ya hemos observado, la imagen tiene su idiolecto visual en este poemario. La ilustración complementa cada biografema y cada poetema de la selección. *("Telaraña es el tiempo/mangle/coral/azul salobre/melaza seca/en las amarras sueltas).* Es la travesía del poeta lo que nombra su propio imaginario desde un tránsito imperfecto. La acusación al hijo del imperio *"producto reciclado del colonialismo histórico", "deshacedor de sueños", desgarrador de vidas", "te repites centurias tras centurias", "como eterno coloso de la pirotecnia".* (p. 91)

De los cuadernos uasdianos, Desde el exilio económico (parte 1 y 2), construyen una identidad cultural del sujeto diaspórico y la sureñidad transcendente como lectura de un mundo y una práctica bioliteraria sellada por un movimiento que es homenaje y deseo de memoria. Los signos que constituyen los tres actos de esta selección de "poemas sociales" se leen en un orden autobiográfico basado en los ritmos y biografemas contextualizados en las cardinales de una literatura que por sus propios ejes del lenguaje, escucha y escritura del sentido poético, se pronuncia y moviliza en los diversos propósitos de este singular poemario.

Odalís Pérez
Académico y escritor.

De los cuadernos uasdianos
—primeros panfletos—
(1976 – 1985)

¿Será poesía
sentirse seco adentro
cuando te llueve afuera?

Yo, un homicida voluntario

Yo, que me porté bien. Que asistí al catecismo, memoricé evangelios, oraciones y cánticos. Yo, pluscuamperfecto, monaguillo intachable. Yo, que comulgué en domingos después de confesar mis pecados veniales; yo, que obedecí a papá, a mamá y a papá Dios, siempre y en todo momento y Amén: Yo me declaro un homicida voluntario.

Yo, que hice todo lo que me dijeron que debía hacer, siempre en el nombre de mi propio bien; que practiqué abstinencias, que recité lecciones con punto y coma y final —incluyendo a Carreño Moral y Cívica; cívico cual que más, en el nombre del Padre, del Hijo y del Espíritu Santo y Amén: Yo me declaro un homicida voluntario.

Yo, que entonces niño les escuché decir: mañana... esperanza... futuro. Sin darme un ínfimo espacio para cuestionamientos. — *"¡No me respondas, niño!"*— *"¡Que se calle ahora mismo, le digo!"* Yo, que tragué las hojaldres del resabio enmudecido y jugué de acuerdo a las reglas del orden establecido: Yo me declaro un homicida voluntario.

El uno se creyó ser el todo y todos creyeron ser él. Aquel se equivocó, deliberadamente. Al amparo de botas y quepis, con las hostias benditas y la miope mirada de pastores neutrales; aseguró el presente, el linaje de aquellos elegidos y a golpes de apellidos se jugaron el futuro de las generaciones. Ya empeñan el país, ya roban, ya engañan, ya apresan, ya matan, ya exilian, ya vuelven a mentir y a golpes de mentiras la farsa sin telón sobre las muertes y las desapariciones.

Digerido el terror, aún me indigesta el fragor de las interrogantes. ¿Quién diseñó este Hoy? ¿Quién habló de Futuro? ¿Acaso era esta mierda? ¿Quién? ¿Quiénes? ¿Quién decretó el exilio? ¿Quién invirtió los valores? Los mediocres a la cima. Los asesinos a dirigir destinos; revividos fantasmas traicioneros cobran cuerpos brutales, extienden influencias de sombras corruptoras, reciclan sus hazañas. Arropados al fraude se revierten de olvidos: *"borrón y cuenta nueva"* y a robar nuevamente, a mentir nuevamente, nuevamente a matar… y en nombre de la paz y la estabilidad… perpetúan el absurdo de Hoy, este Hoy… lo que ayer me vendieron por Futuro.

Yo me declaro un homicida voluntario. Con la fuerza de mis años robados, a golpes de conciencia trituro el cuello del pasado ominoso… a ojos abiertos gozo de aquel temblor de espejos. A los pies de mi juicio sucumben los altares.

Adolescencia

—A mi inolvidable y entrañable hermano Toñito, un silencio retorcido—

Tiempos hay en que lo subjetivo suele arropar las sienes, disolver secretamente los desafíos entrañables, reprimir voluntades, dirigir conductas, frustrar sueños ardientes... Cuando el hombre y su método te revientan y no lo diferencias del sistema, aunque tu mano izquierda —envuelta en funda plástica y atada a tu cintura— se retuerza sudorosa. Tiempo sólido y exacto: subyace el sortilegio de los cuestionamientos en un indiferente muro que silencia, con metal encendido, el estruendo de gargantas. Allí se detiene el torrente de enardecidas venas a la precisa altura de nuestras mocedades, heroicamente mutiladas como marea de caracoles desaparecidos...

Tal vez se agazapó la rabia. Mas no el olvido.

Hierve la sangre

(A los héroes del 12 de enero
precisamente en este 12 de enero del 1974)

Hierve la sangre
al sur de mi impotencia
Amaury Germán Aristy
sin lentes y abatido
está presente
en nuestras mentes
más que en estos murales usasdianos
en todas partes, ¡está presente!

Hierve la sangre
al norte de la ira
Leal Prandy —La Chuta
es nombre vivo
en voces de los barrios
se siente
se siente
¡está presente!
más allá de las paredes de la UASD
en las barriadas
de los hijos de nadie ¡está presente!

Hierve la sangre
al este
de "las ganas de morirse"
en medio de trincheras
Virgilio Perdomo Pérez
se siente

se siente
¡está presente!

Hierve la sangre al oeste
de un estupor multitudinario
en gargantas que gritan
¡se siente!
¡se siente
Ulises Cerón está presente!

Hierve la sangre en todas partes
no sólo en esta UASD
de las luchas eternas
allá
en el núcleo del Pueblo herido
en la médula de la sociedad indignada
se sienten
se sienten
las puñaladas a los cadáveres
los golpes sobre los rostros de los héroes caídos
se sienten
se sienten
los mudos gemidos
de los presos
lacerados en las funestas solitarias
en las aterradoras salas de tortura
en las oscuras escenas del horror
telón final de los desaparecidos...

se sienten
se sienten
como torrencial aguacero
las lágrimas de las madres
los latidos de espera
los estragos del luto
se sienten

se sienten
los puños enardecidos
y cerrados que deliran de odio
de rabia incontenible
ante el impune genocidio
institucional
y el cinismo
inhumanamente parido
con crueldad diametral
desde el Palacio Presidencial.

Hierve la sangre, hierve
como el dolor primero
hoy 12 de enero
el calendario hierve
hierve la Historia
hierve
se siente
se siente…

Con rabia inexcusable

Con rabia inexcusable
me duelen caracoles

espirales históricas
habitan
enlutan
generaciones que ya
nunca
jamás
pueden cantar

caracolito de la mar...

pese a los eufemismos
detrás de las traiciones
desde sus tumbas
rugen
crujen
como molinos
los nombres
y los huesos
los héroes vendidos...

Román, nunca supimos...

(A Francisco Alberto Caamaño Deñó
Coronel de Abril y Comandante de Febrero)

Román, nunca supimos
ni tu nombre
ni la historia detrás de tu nombre

todo era incierto entonces

"El hombre viene..."

anunciaban los diarios
y veíamos las botas
y el uniforme

todo era incierto entonces.

En la cueva quedaron
los cuatro vientos
indomables que te precedieron
aquél doce de enero...

Nos quedamos sin brújula
a expensas de las bestias
y la bestia mayor en el Palacio Nacional

Román, nunca supimos
nada supimos
nada

sólo desaparecíamos con los desaparecidos todos,
sin saber nada, puerilmente desaparecimos…

Aquí, en la UASD…

Aquí, en la UASD,
"sudamos tinta"
así decimos, resumiendo las penas
mientras sedientos de justicia
lidiamos con anhelos y angustias en las venas.

Aquí, en la UASD,
insistentes o tercos
"jociamos un futuro", así decimos,
mientras con ceños fruncidos
apuramos el paso camino al comedor
en donde nos aguarda un simple lugar
separado horas atrás
con un simple papel bajo una piedra
con un simple nombre
o un simple número de matrícula
sin que nadie, simplemente nadie
pueda disputar *"este es mi lugar"*.
Aquí, en la UASD,
ese simple gesto es dignidad e integridad,
respeto al compañero o a la compañera
al *"Bachiller"*
nombre de aquél que, como todos,
comparte la ilusión como bandera.

Aquí, en la UASD,
nos hacemos doctores en los pasillos
o en las explanadas

con las *"cátedras del Profesor Matos Méndez"*
somos *"agitadores"* siguiéndole el juego al soñador
que es ya científico, biólogo, filósofo, historiador
o acaso tan fabulador como nosotros...

Aquí, en la UASD,
desahogamos frustraciones
en las interminables charlas de las *"embajadas provinciales"*
tomándole el pulso a la resistencia, construyendo ilusiones:
la gloria de regreso a la casa al final del semestre
el reencuentro familiar, el campo, las vivencias joviales...

Aquí, en la UASD,
ya bien en la *"gramita"* crepuscular y nocturna
descargamos las ansias, las tormentosas ansias
las voluntades reprimidas, las vidas taciturnas...

Aquí, en la UASD,
la vida es fragua, es campo de batalla.
Aquí templamos el dolor de la distancia,
el recuerdo de casa que de repente estalla

el olor inconfundible de la infancia,
la incertidumbre provinciana
esa muda muralla que cargamos
sintiéndonos vigilados desde otras ventanas.

Aquí, en la UASD,
"— ¿Con hambre? ¡Sí! "— ¿Cansados? ¡No!"
Calzados o descalzos o hasta en cueros
no nos queda de otra, compañeros
hay que cantar con Serrat:
"tira pa' lante que empujan atrás".

Tarjeta para una quinceañera

Tus quince caballeros no vinieron.
Se han quedado tejidos
entre los arboles del parque
corriendo entre los patios
pies descalzos
sueños en los ojos
jugando a los vaqueros.
Tus quince caballeros,
los que no vinieron.

Las catorce damitas tampoco llegaron.
Se han quedado jugando a las muñecas,
Jugando a ser mamás pegonas,
cantando:

"al son son de la caravela
que si miran pa'tras le dan una pela"
y se les hizo tarde a las doncellas.
No vinieron.

¡Ay, Anita!
Si fueras una niña
Te habrías dormido con el cuento,
pero a tus quince años hay que decirte
que te olvides
del vals que papá habría bailado contigo
en el Country Club.

Papá y mamá están *sudando albóndigas*
en el ingenio,
en la escuela
y Toñito y yo "braviando" aquí en la UASD.
Así,
Mejor te invito a cantar con Serrat:
"tira pa'lante que empujan atrás".

Elecciones generales

(Matadero electoral —Dice Don Juan)

Una onda preñada de miseria
se estrella en círculos frontales
hoya
mas yerra
sus huesos no fecundan
en nidos de mentiras repetidas

el intento se queda
movedizo
anacrónico
su discurso no cobija soluciones

en la masa vulnerable
agar agar
una vez más
se anidan las absurdas ambiciones.

El país de los olvidos

El país de los olvidos
regresa del futuro rumiando
                su presente
se asiesta
presume desplazarse

apoya su pie contra la historia

cae de bruces
eufemiza
gatea

a ciegas tiñe sus canas
en el burdel de las sotanas
(sí, habéis oído bien:
en el burdel de las sotanas)
frente a espejos de asfalto
el país de los olvidos
maquilla su hambre
despercha el traje del absurdo
calza las ruedas del engaño
se ajusta el quepis
y se echa a andar por el camino fácil:
cuesta abajo.

De espaldas…

De espaldas
negando luz

de espaldas
de espaldas al hombre

de espaldas
de espaldas al hambre

de espaldas
de espaldas
siempre de espaldas

¡la cruz!

Palabras al Señor de las alturas

> *"A los pedagogos de la asignatura Educación de la Fe;*
> *esos jerarcas de la iglesia católica de mi País;*
> *traficantes de la fe; que en todas las estaciones políticas*
> *comulgan sus cuentas en el Palacio Nacional"*

Según dicen
a Usted debo rendirle cuentas
de todo cuanto hago, digo y pienso.
Y dicen también que es grotesco su juicio.

        Yo le ahorro la comisión a su corte angelical.
        He comprado con el valor de mi criterio
        un infernal boleto en mi viaje de ida.

Antes que Usted cuestione
—Distinguido Señor de las Alturas—
tengo curiosidad de saber, entre otras cosas:

        ¿Con qué fin específico?
        ¿En base a cuál principio?
        ¿Cuándo fue el escrutinio?

¡Ah! debo entender...
fue por decreto unipersonal,
medalaganario. O el simple producto
de su aburrimiento empezó a hacer cosas...

        Primero su Reino.
        Su Imperio. Su Poderosísimo Imperio.

        Más allá de los vientos y los tiempos.

Así,
el decreto:
En honor a sus méritos
(no se sabe en cuál academia)
En honor a su gran labor
(no entiendo, no había nada realizado aún)

            En honor a su belleza
            (según ellos, Usted es semejante a nosotros)
            En honor a su bondad
            (creaste por anticipado el infierno)
            En honor a su misericordia
            (el Apocalipsis, nos depara lagos de azufre)
            En honor a su abolengo…
            (no se sabe nada de sus ancestros
               para justificar tanto linaje).

Pero en fin,
en honor al desconocimiento sea:
            El Dios Sol. El Dios Luna.
            El Dios Fuego. El Dios Trueno.
            El Dios. El Dios.
            El Dios Esto, Aquello y el Dios lo Otro.

El Dios que va por las edades
tejiendo la historia digerida
tiene sofisticados
testaferros.
Cada edad justifica su método.

            En el nombre de Dios y de su Iglesia,
            sus ejércitos.

En el nombre de Dios y de sus ejércitos,
sus cruzadas: extensiones territoriales europeas
fertilizadas con sangre,
cristianizadas a sangre,
sacramentadas a espada.

En el nombre de Dios:
el poder, la corona y el laurel.
En el nombre de Dios y su Poder: la monarquía
                  y los arzobispados,
sus imposiciones, sus inquisiciones, las ofrendas,
los diezmos y el fardo ignominioso de sus influencias...

En el nombre de Dios y su Poder:
la comunión de los cristianos,
de los ortodoxos y evangélicos,
de los menganos y zutanos
viviendo de la fe —de los otros, por supuesto.

                            En el nombre de Dios:

                    el Estado del Vaticano
           y sus arzobispados metropolitanos
             visibles, intocables, incuestionables
       espejando el oropel de embajadores de la fe
en sucesión de gobernantes,
heredan los palacios,
son consejeros audaces, aviesos, secuaces,
        reclaman y sostienen el paraíso terrenal
                  desde el poder oficial.

En el nombre de Dios:
la dirección eclesiástica y ecuménica
de tan respetada institución religiosa,
                sea manejada

cual las corporaciones de fantasmal
                peso específico:

"La Pastoral a los gobernantes y gobernados..."
(Instrumento de chantaje, lisonja de rumiantes)

"La visita del Santo Padre
a tan convulsionadas regiones..."

"La mediación de la Iglesia Católica
garantiza el orden institucional..."

...Y todo un rosario de influencias a obscuras,
lucrado en la complicidad oficial.
Hartas las arcas del clero
                        la penitencia aguarda
                        por las cuentas bancarias.

¿Está en Debe o en Haber la eclesiástica cuenta de la fe?
¿Con cuánta cuentas del rosario se amasa el oro clerical?
¿Cuánta$ penitencia$ vale $u $ilencio?
¿Cuántos dígitos pueblan el $oborno de conciencias?

Ni con todas las homilías
                se cura el purgatorio del descaro.
Manos corruptas clavan
        las monedas de Judas en el Cristo del Pueblo.

En el nombre de Dios:
"obedezcamos hermanos la palabra de Dios..."
                        y por debajo:
"hay que derrocar a ese Presidente" —¡Es comunista!—

En el nombre de Dios:
                "Id por todo el mundo
                y predicad el evangelio..."

y al amparo,
a las sombras de sus sucias sotanas:
"hay que derrocar a ese Presidente".

En el nombre de Dios:
"la Cruzada del Santo Rosario:
familia que reza unida, permanece unida".

y con el cinismo de los necrófagos:
"¡hay que derrocar a ese Presidente!"

Así, en el nombre de Dios:

la sacrosanta élite del oficialismo
se agencia —en todas estaciones,
las sacrosantas cuentas especiales,
los privilegios terrenales...

(A puertas cerradas
se exoneran las penitencias
de sus responsabilidades históricas y sociales).

Bendiciendo las cárceles dictatoriales,
oficiando bautismos privados
y despóticas fiestas
los corruptos, corruptores, traficantes de la fe
                    hallan su tercio:

en el nombre de Dios,
Ministros Evangélicos:
bendecidos pastores millonarios
por el diezmo feudal en pleno siglo veinte,

pregonan sus campañas alienantes,
venden al Dios del terror,
el de la ira,
el conveniente Dios,
ajeno a la justicia.

Mientras tanto
los jodidos del mundo,
nacidos sin techo ni pan,
sin tierra y sin jornal,
sólo tienen derecho a no pecar

aguardando lo que no ha de llegar
sino la muerte... ¡en el nombre de Dios!

"Chusma", llama a los pobres
—hijos de nadie
que en las calles revientan y claman justicia social—
el Cardenal Nicolás de Jesús López Rodríguez,
Principe de Dios, en Santo Domingo de Guzmán.

"Chusma", ha bautizado el Cardenal
—con zaña, con soberbia,
con fuerza Fantasmal.

...Y de eso se trata,
Poderoso Señor de las Alturas.

Más que de leyes eternas y mandatos axiomáticos
para creer o temer,
está la disyuntiva de Su concepción:
según el Catecismo Católico,
Apostólico y Romano.

Abro paréntesis:

He visto la hazaña portentosa
y comunitaria de un centenar de hormigas
descender la impresionante altura de mi mesa
                            con un gajo de pan
y el sentido de la vida
cobró en mí los milenios y edades
de cada micra avanzada por esa multitud.

La yunta de los bueyes ha crujido a mis ojos
pero el vagón de caña avanzó inquebrantable...
La tensión de las patas del buey sembró la vida en mí
                             con el fango por raíz.

Millones de células tienen por madre
a aquella solitaria que amasó su cultivo
con tenaz ambición...

¡La vida desde siempre se tejió tras el duelo!

Juan Homosapiens
define al rayo y al trueno que es parido,
surca las aguas de la lluvia, cultiva a pies descalzos,
lame rayos de sol, día tras día.
Desnuda sus hambres, domestica el fuego,
se insomnia en las desesperanzas.
Lucha y ama.
Planta, cosecha y tala.
Destruye, es cierto.
Construye, también es cierto.
Vive. Cae. Insiste.
¡Se levanta!
Sueña, añora la justicia venida de Su fe.

Cierro paréntesis.

                    Como puede observar,
            Todopoderoso Señor de las Alturas,
         hay un sentido claro en estas vidas.
                                    El suyo,
         salido de los labios de farsantes, es bruno.

Es cuesta arriba concebirlo como aquél
que autodefine su creación
y se sienta a descansar siglos y siglos
jugando al ajedrez contra sí mismo
¡es una necedad inaceptable!

                               Ya ve el retrato
                     que dibujan de Usted
      Sus pluscuamperfectos representantes en la tierra.

Ellos: ahítos, opulentos, rumiantes,
no saben de sed.
Desdicen, manipulan la verdad
y la encierran en anillos sombríos
de palacios y alcurnias.

Allí se escudan ellos;
también allí se comen ellos los unos a los otros,
enclaustrados, siniestros, delirantes del oro,
sordos a la miseria y a su raíz social,
equivocadamente juzgan su misión terrenal.

Un solo lagrimar —mar de cuarenta días—
como lenguaje fluvial, no borran estas huellas
surcadas por el hambre de las hambres
desde que Usted se fuera,
Hijo del Padre, Padremismo y Señor.

Venga látigo en manos, con vena justiciera
y después del milagro de todos los milagros
quede sobre las aguas, Su ilimitado amor.

Señor que iluminaste con piedad y ternura,
Señor que caminaste las tierras y las aguas
con el Verbo en las manos que sanaron a tantos,
Señor de Misericordia —jamás el de terror ni de miedo.

¡Venga!
¡Oh, El Bienaventurado del Sermón y la Gloria!

Verbo que hiciste vida del más grande dolor,
sembrador de conciencias que caminó la mar,
borra de mí y de todos
a aquél que otros falsearon
y un coro sempiterno entone en ¡Aleluya!
La bondad infinita de Tu ejemplo sin par.

Supongo que debemos estar muertos

> *"Ni un paso atrás, ni un paso atrás,*
> *ni un paso de retorno al ayer, ni la mitad*
> *de un paso en el sentido del ocaso,*
> *ni un paso atrás.*
> *Que en la lucha del pueblo se confirme,*
> *-sangre y sudor- la nacionalidad.*
> *Y pecho al plomo y la conciencia en firme.*
> *Y en cada corazón... ni un paso atrás."*
>
> —Pedro Mir—

Nosotros: atónitos espectadores que escuchamos el desvivir del aire. Nosotros, testigos del absurdo en donde, con sutiles desinformaciones se avalan injusticias y se coartan derechos. Nosotros, que no estamos ausentes ni distantes pese al soslayo impuesto en el mismo corazón de la ciudad doliente. Supongo que debemos estar muertos cada vez que se revientan otros pechos, que estallan otras sienes... Hay un tornado de sangre bramando en fraguas, craqueo, destilación a fuego del sentir humano. Hay llagas en los dedos que, abruptos, avientan periódicos ardientes en mentiras repetidas, vendedores de esquemas de decepción, promotores de valores invertidos... Ellos, fríos calculadores y nosotros el blanco de un tenaz bombardeo. Supongo que debemos estar muertos porque la sangre misma niega también este morirse, fría, sin advertir la diplomacia homicida que nos zumba al oído y se siembra en otro cuerpo que por ti y por todos pide —con puños lacerados y ojos de desesperanza— un elemental modo de vida; digna en lo posible, no este agonizar de alba a crepúsculo como molino incesante, triturador de huesos y cerebros pensantes. Sí, debemos estar muertos. Todos. Todos. Asesinados en abril, en todo el calendario y en todas latitudes. Muertos. Yertos en el ombligo mismo del imperio que —al amparo de altares, de cruces, de evangelios por paga— con agua bendita lava la niña de sus ojos acechantes.

Desde el exilio económico
Primeros inviernos — New York 1985-1998

Retrato

Sucede que pongo el cuero vivo. Que sin reparos pongo el corazón sobre la mesa, sin guardarme cartas debajo de la manga. Sucede que cuando siento, extraigo hasta la última gota. Que a la hora de la entrega llego donde el amor reside y me reparto hasta en el último recodo del camino. No me guardo de las distancias. No sé medir las consecuencias del retorno. Me destierro —ingenuo o sencillo— según crean, de las cortapisas, de los golpes de pecho. Por eso trago en seco las hojaldres del desaliento y reconozco mi rostro en el espejo como el que sabe darse, el que antepone la calidad de la entrega al número ordinario del acto o del libreto. Ensopado en la entrega que me es correspondida, destilo en ti mis unidades.

Tuya es la medida.

La ilusión de la memoria

(Sobre una frase de García Márquez)

El exiliado no es un solo hombre.
Es el hombre que se fue y el hombre que llegó.
El hombre que se fue, se fue,
y dejó cuanto quedó, que, quedándose,
sin embargo,
no está.
¿Adónde?
Su patio.
Su escuela.
Los suyos…
¿Adónde?
El hombre que se fue, se fue,
pero los otros…
¿Adónde?
El hombre que se fue
se fue solo.
Solo.
¡Pero con todo!

El hombre que llegó,
llegó y con él, él.
El hombre que llegó
vino solo.
Pero en sus ojos trajo todo.
Todo.
Su vida a cuestas.
El hombre que llegó

llegó y con él, él.
Pero vino solo.
Solo…solamente él.

David Left for America, escultura del artista norteamericano Alfred Moskowitz (1925-2016), Pai Alfred, esposo de nuestra Mentora Rhina Espaillat (Rhinamai), quien siempre nos prodigó un fraternal aprecio. El autor reitera la admiración y el respeto al legado de tan gran artista, educador, gestor cultural, esposo y padre ejemplar.

En el exilio de divisas

En el exilio de divisas
¡qué mucho pesan los pulgares!

Se nos encarnan
no sólo soledades

también raíces
bajan del cuello rígido

los nombres que cuidamos
por encima de la vida
las voces que condenan
el no tomar partido

y el reto:

permanecer enteros
mientras nos repartimos
entre la uña
        la carne
            y los caminos.

Las cumbres genocidas

> *¡Vamos ahora, ricos! Llorad y aullad por las miserias que os vendrán. Vuestras riquezas están podridas, y vuestras ropas están comidas de polilla. Vuestro oro y plata están enmohecidos; y su moho testificará contra vosotros, y devorará del todo vuestras carnes como fuego. Habéis acumulado tesoros para los días postreros. He aquí, clama el jornal de los obreros que han cosechado vuestras tierras, el cual por engaño no les ha sido pagado por vosotros; y los clamores de los que habían segado han entrado en los oídos del Señor de los ejércitos. Habéis vivido en deleites sobre la tierra, y sido disolutos; habéis engordado vuestros corazones como en día de matanza. Habéis condenado y dado muerte al justo, y él no os hace resistencia.*
>
> —Santiago 5: 1-6

¡A la mesa! —Llamaron los dueños de la tierra, y se pobló de hambre el universo. El festín de arrogancias celebra la utopía con campanas que ladran discursos repetidos. Condenando a los pobres, el circo se traslada de pantalla en pantalla y en el umbral del odio danzan los comensales. Hipotecan el cielo, empeñan democracias, se santiguan y brindan con el sangriento vino añejado en agendas del Fondo Monetario. La otra alternativa, coordenada mortal en latitud coercitiva, siembra desesperanzas en mesas incontables. En el Club de París se juntan los tahúres del terror. Proyecciones de muertes, confirman las bonanzas de inversionistas calvos y de insensible olfato. Dividendos, divisas, plusvalías; avaricias sin fin —servidas como postre— dulcifican las arcas de aquéllos insaciables dueños del universo. Encadenado el mundo con medidas globales los amos imperiales amasan sus metales y licúan sus ganancias en crudos secuestrados.

En tanto los altares avalan las "estables bondades" de las desigualdades, se enraíza un tercer mundo en perenne agonía… A la mesa excluyente llamaron los dueños de la tierra y llegaron las élites con su red de farsantes: cardenales, obispos, arzobispos y demás sotanantes, compitiendo el poder con pastores lacayos; y todos —de acuerdo con sus tratados— bendicen el comercio de libres esclavistas. En páginas sociales de los diarios silentes centellean las estrellas con digno pie foto: célebres mandatarios, sonrientes testaferros, posan como gendarmes en cumbres genocidas.

De la diáspora...

Puede que en los caminos
quedemos rotos
deshabitados en rincones de olvido

puede que nos permee
nos agujeree
la lluvia del absurdo

o que el ojo del Otro
nos vea secos, ciegos, solos...

Les digo:
allende al sur y sus olvidos
allende al norte y su desprecio
existimos
allende al amarillo de las páginas leves,
excluyentes agendas y tuertos noticieros
existimos. Somos más que voces distantes.

Hoy –como ayer– la palabra es espada,
insignia, fragua de los inviernos,
certidumbre plural,
memoria,
acción, presencia.

Les digo:
no hay dispersión
en esta identidad.

De mi identidad

Menos mal
sigo siendo capaz de orinar flores

después de todo
el verde que te queda
lo renuevo con plátano y palmeras

así defino la línea que me trazas
calzo la horma de tu asfalto
mas piso de acuerdo a mi camino

frente al espejo colorido del prejuicio
reconozco mi rostro latinoamericano
el tuyo
pintarrajeado
siempre acorazado
te lo aseguro:

a pesar de las lluvias en los abriles
                no lo he olvidado.

Menos mal…

David, más vale que lo creas

era de carne y hueso
punta de lanza
bombardeo
marines
macana
exilio
persecución
prisión
muerte
y desaparición
temor y represión
no eran caricias
sobre nuestras conciencias

en tu presente
el traje no es menos peligroso

sedicioso
preciso
incisivo

monolingüe
en *Internet*
invade el enemigo que no ves.

La sentencia

La sentencia
cayó sobre los homicidas:

su dieta eterna
es el hongo de Hiroshima.

¿Será poesía...?

¿Será poesía
sentirse seco adentro
cuando te llueve afuera?

En las calles del Bronx

A pesar de las balaceras
anunciadas con sirenas

la dignidad
de las mayoritarias *minorías*
sobrevive en las aceras
sonríe en las venduteras
se teje colorida en factorías

sobre la muerte vendida
no sólo en las esquinas

en las calles del Bronx
al sur de la esperanza
vive la vida.

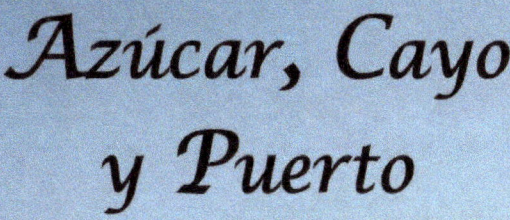

Azúcar, Cayo y Puerto

Juan Matos

Azúcar, cayo y puerto

Si no fuera porque lo recuerdo
de tarde en tarde,
en cualquier momento,
en el pasar de prisa por la calle o así...
sin que nada lo anticipe
me quedaría callado...
Como él,
que a fuerza de ser inadvertido
se me hace latente;
él
que está ahí
vive,
subsiste,
es...
y entonces uno se da cuenta
que él:
un cuerpo
hombre inadvertido,
materia, carne y hueso,
párvulo,
inalterado,
puro, simple...
simplemente congela términos
que le son acuosos, fétidos,
dejándole aroma de ignorante.

Pero de qué nos sirve
definir términos:

Justicia. Democracia. Libertad.
Política. Realidad social.
Índice de salubridad. Economía.
Deuda externa. Institucionalidad...

—Etcéteras anexas—

¿Para qué?

¿De qué nos sirven esos términos
si de ningún modo,
sumados,
amontonados,
no alcanzan a nivelar el fiel de la balanza?

¿De qué nos sirven
si Fernando,
hijo de Nelsia la ventorrillera,
hermano de Manuelcanilla,
elemental...
mantiene su mirada
perdida en la mañana,
buscando la figura de su padre,
hecho bagazo
entre los rieles y la locomotora?

Sin embargo,
ayer había también otros Fernando
y hoy Fernando está ahí:
desconocido,
anónimo
juzgándonos desde su rincón
y desde su orfandad.
Cuestionando sin decir palabras,
sólo siendo,
estando

ahí
a nuestra vista,
cotidiano...
Podríamos decirle...
podríamos recitarle toda la historia,
hacer de maestros, hablándole
de economía doméstica,
hacer gala de toda la retórica
para explicarle que no tuvimos tiempo

de encarrilar el tren...
y todavía
estoy seguro de que no,
que no definiríamos la sensación de angustia
                        en nuestro pecho,
si de pronto,
por un sólo día:
nos atreviésemos a pensar
que ese Fernando
silvestre y soslayado,
bien pudo ser uno de nosotros
y acaso...
es uno mismo.

Pero
¿quién habría de entenderlo,
sospecharlo siquiera?

¿Quién?
Y ahí lo teníamos:
a nuestras narices,
en la cotidianidad,
en la rebeldía...
En la insatisfacción...
En el enfrentamiento a todo
y a nada.
Solo con la rabia

de lo que no se sabe qué es...
pero que nos atrapa,
que nos muerde en la conducta.
Y ahí,
precisamente en ese punto,
una aguerrida conducta:

Juicio salobre endurecido por el tiempo

Ulular de campanas que despiertan

Lámpara humeadora entre zaguanes

Iniciativa voz de los descalzos

Orgullo de la zafra y sus rencores.

Bronco latido al sur de mis vivencias

Raíz de la sonrisa de la sombra

Invento de alcanfor y chimenea

Talado girasol fecundo al alba

Olfato insatisfecho, irredimido.

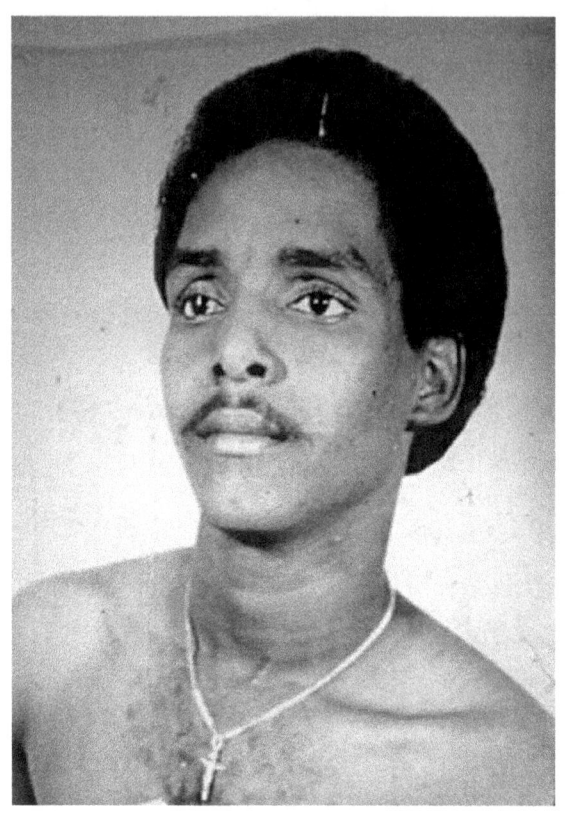

Este Muemén de siglos,
de azúcar y de besos
se ha quedado incrustado
entre el cayo y el puerto
sin saber,
sin investigar etimologías.
Sólo advierto que Muemén,
ojos culíes,
azabache en su juicio,
piel de zafra y cachispa,
garganta de vagones...
todo hecho vapor
purga denuncias
centrifugando rabias

con opresión de guarapo
y no se cansa de decir
que esto es una mierda
mientras escupe prejuicios
absurdos,
ciegos,
inexplicables...

Los Blocks y Las Salinas:
hollín y trementina.
Baños y cocinas comunes,
promiscuidad,
bares,
prostíbulos abiertos,
polvareda...
Prejuiciados
con los de La Octava
y con los de La Séptima.
Eufemismo.
Redondeo.
Verdes casas "de familia"
y el Club de Obreros
Recreativo y Cultural "Juan Pablo Duarte"
con sus tres mesas de dominó
y veinte de ron...
Prejuiciados
con los de La Sexta y los de La Quinta,
con sus palmeras
y su "Barahona Country Club"
prejuiciados con los de Las Casas de Ladrillo
y la densa alcurnia de sus riquezas turbias...

Todos
extendiendo celos:
una esquina más,
una calle más,

traducidos a un sueldito más allá,
allá adentro
en las fauces del acero,
granulándonos
en la composición formulada
Made in USA
sin entender que en la espiral
de turno a turno
de zafra a zafra...
nadie es de barrio alguno.
¡Nadie! ¡Nadie!
Ni siquiera la violencia crepuscular
de Julio Muemén
cuestionando la burda retórica
del juego *A los hijos de jefes*

Muemén
frente al puente del ingenio
y el celoso guardián:

—*¿De quién tú eres hijo?*—
—Del Mayor Polanco—
—*Pasa, muchacho, pasa...*—
—*¿De quién tú eres hijo?*—
—Del Jefe del Taller—
—*Pasa, mi hijito, pasa...*—

—*¿De quién tú eres hijo?* —
-Del Jefe de Fabricación-
—*¡Pase jefecito! Pase...*—

Y pasan...
Y pasan los hijos de jefes...
Y tú,
aguardando con tu ceño fruncido
           tendrías que contestar:
– *mi papá barre en el molino* –
para que el celoso celador
te negara la entrada
y ahí
ahí mismo le largaras a su madre
mientras corrías victorioso hasta el ingenio
y el celador, por boca de otro, se enterase
que eras, Muemén,
el hijo del Jefe del Molino...

Era una conducta de cuestionamiento.
¿Cómo entenderlo entonces?
¿Cómo entenderlo
sino como una de tus endiabladas rebeldías?
Muemén,
temerario...
Muerto a tus veintitrés...
Y acaso tendrías más de una razón
para morirte esputando una vida
             de prejuicios
estúpidamente sutiles
como evangelios rutinarios...

Apartada —y bien alta—
la iglesia...
Pulcritud.
Decoro.
Caoba.

Es domingo y la mañana tiene por sol
             los ojos laurel de Rita.
Mantillas y rosarios,
señoras y señores bateyeros,
jóvenes mayorcitos, figureros
han dejado desnudos los armarios...

Desde mi ángulo de monaguillo,
a la derecha del sacerdote
(Capellán del Ejército)
sirvo,
callo
y observo:

Los fieles de Las Casas de Familia,
los de La Quinta
y los de Las Casas de Ladrillo

siempre en las mismas filas
y a la derecha del sacerdote.
En la otra columna,
los feligreses de Los Blocks y Las Salinas
junto a los tres maestros
Yorik Piña, Arcadio Encarnación y Jacobo Walters
solidariamente entre los marginados...

Y en las primeras filas:
las devotas y siervas
"Damas del Apostolado"
coreando
en un ciego,
mudo
y sutil divisionismo...

Mientras
ni en el evangelio según San Marcos
ni en el evangelio según San Mateo
ni en el evangelio según San Juan
¡ni en el evangelio según San Nadie!

Se leyó
el evangelio según La Realidad
del Batey Central Barahona...

Aunque abunden
como vagones al molino
nuevos niños, nuevos viejos...
y más viejos se hagan más y más viejos...

Mientras la espiral de caña,
                  cayo
              y puerto
se lleve en cada saco
trescientas veinte vidas
ellas,
las divisas,
no han de mirar atrás,
no han de variar en nada
¡en nada!
Lo que de Batey queda...

Aunque
se pudran las casas de madera,
aunque se despedacen las calles,
aunque se sequen los árboles,
los hombres y mujeres
y con ellos: la vida...

Aunque aparentemente crezcamos

ahora que han llegado *los del barrio*
con el nombre del Patricio,
con sus piernas endebles,
con el entusiasmo del debutante
hambriento y desnutrido
desde otros bateyes,
desde otros campos...

Todos...
Ahogados.
Extasiados en humores de serpientes
cintura negra,
gagá,
de la negra verdad,
gagá,
conciencia detrás de la oreja
—oreja sorda
a la voz de la historia—
gagá,
sudor desde mis ancestros
hasta las tierras cañeras,
al ritmo de las caderas…
Todos...
camino a las calderas
dependeremos
del gran incendio de la chimenea.

Todos...
Los hijos de los rieles,
de los prejuicios paralelos
desembocamos en la misma escuela
con sus titánicas
imbatibles,
valientes
Valentina, Gloria, Emma,
Ramona, Epifania, Lilian,

Maruca, Reyna, Victoria...
¡Maestras!
Maestras de generaciones en generaciones
sorteando desgastes
diabetes,
avatares...
¡Maestras!
Socorro, Lin,
Álvida, Canín...
Madres
patentes
y víctimas de la misma realidad:

En las arenas del cayo
ondulación corrupta.
Va y viene
un administrador y su equipo.
Van y vienen
auditores y jefes de campo.
Van y vienen
foráneos
acabando con todo,
con todo
y de todas formas...
menos,
por suerte,
con las paredes de ladrillo
y su rojo evidente,
porque de lo contrario
caerían también
al amparo confeso
de lo que no se detiene
ni siquiera en las corrompidas puertas
¡del mismísimo despacho presidencial!

Mientras
Siguen y siguen
bagazos
alimentando las calderas...
Mientras...
Siguen y siguen...
al rigor del mediodía
niños sin noche,
mujeres sin amanecer,

hombres sin mañana
en los cañaverales
de Batey Uno,
de Batey Dos,
de Batey Tres...
bateyes y bateyes
y campos en la miseria
sin salud ni asistencia
rodeados de sol,
sal, caña y cañaveral...

Y el país de los cañaverales
en manos de los tácticos.
Esos que no pueden digerir
—sólo por conveniencia—
hoy,
ni en el otro hoy,
la diversificación de los cañaverales...
Porque están ahítos,
saciados,
hartos de melaza.
Porque son cíclicos,
cerebralmente rumiantes
de los Fernando de este día
y por adelantado
también
de los Fernando del mañana...

Si es que hay un mañana...

Telaraña es el tiempo…

Telaraña es el tiempo
mangle
coral
azul salobre
melaza seca
en las amarras sueltas

un paisaje de ayer —sin preguntas—

conchas
despojos de náufragos
astillados en arenas…

un cayo abandonado
nostalgia de gaviotas

tanto… ¡y tan poco!

El abandono quedó fuera de foco.

Barahona, una postal

Sal
y no cañaverales.
Pájaros de metal.

Cesantías.
Perenne tiempo muerto.
Adiós de cultivos y frutales.

El progreso
—orgía de galleras—
apuesta ciegamente a los turistas.

En tanto,
la existencia es un alud de duendes
en lacia vida.

La polvareda seca surca el rostro de angustia
de La Perla del Sur, que hoy, desperlada,
soslayada, *contra el mar y el olvido*,
sólo cierra sus ojos al destino
como un vivir en muerte.

La polvareda seca enfanga mi memoria.

Cierro el lente.

La cuerda rota

> *"Ya puedes cortar si gustas*
> *las adelfas de tu patio.*
> *Pinta una cruz en la puerta*
> *y pon tu nombre debajo,*
> *porque cicutas y ortigas*
> *nacerán en tu costado"*

—Federico García Lorca—

Yo también vi tus ojos angustiados huyendo de la noche interminable —insomnio oscuro de tu desesperanza— con el dolor a secas y el afán mutilado, Gitano. Íntegro Gitano, genuina cohesión de la entereza humana. Un sempiterno pulular contra el olvido desgarganta tu faz en la temprana edad de todo lo vivido: tu exilio cíclico, huésped del exterminio.

No alcanzó la cuerda brava de tu raíz visceral la ondulación impuesta —como abyecta espiral— de una alienante asimilación que te retuerce. Era imposible. ¿Qué armonía habría de conjugarse, a cuál compás guerrearía tu garganta al quebrarse tu voluntad bajo batuta de discriminación? Cuerda-espada se desgarra en el desarraigo, en la marginación —miseria de chabola. Arde la soleá allende los sofismas y el olvido; se rebela tu canto con orgullo de sol nunca abatido. Mas de tus ojos salen, paridos de la rabia, sintagmas etnocéntricos del alud romanó y se sucede el grito, la asonada bulería que te identificó herrero-carretero, sabedor del futuro, inigualable cantor. Gitano soslayado en todos los presentes, blanco de estereotipo, tu cultura se crece. Sin embargo, en la sangre: castañuelas por venas cuestionan la violencia que llueve y con uñas de odio te resurcan las carnes, sin conseguir jamás desenraizarte, Gitano verde-aceituna o acaso, tez verde-luna.

Yo —que proclamo mi lengua proscrita en estas latitudes— que he sentido el absurdo discrimen bajo el tuerto escrutinio de la falsa justicia; y en mi carne ha vibrado el furor del desprecio, como tú llevo en vilo el laurel de mis campos, las noches y sus lunas desgarradas en cantos; grito contigo Gitano —y palmo solidario— con un sangrar de manos...

Gitana

¡Negro!
Su pelo.

¡Negro de infierno!

Su pelo negro...

Lleva en la frente navajas
y es hembra
de hebra a hebra, gitana.

No es su piel sino guitarra
rasgueada para la magia
de su tacón encendido.

Gitana de mil azares
boca de vida y de muerte
embrujo de tez morena
¡vale un infierno tu arena!

La otra gitana —la bailaora retirada

Tu garganta quebrada resquebraja mis ojos a la altura del duelo, Gitana, pisada del pasado perenne en las aceras del moderno confort que te niega, te acondiciona y te soslaya en todas latitudes. En tu cuerda quebrada tiembla tu imagen vendida en postales retocadas. La luz desbaila el humo del placer por monedas y en el tacón ausente de la noche que te oculta, el zaguán mal oliente te tiene por morada. Sólo que no eres tú el blanco del aplauso ni el foco del destello, ni es a ti dirigido el silbo delirante ni es por ti ni tu gracia cimbreante, el brindis del festejo. No. Tú estás arrinconada en la acera del olvido. Adrede te estampó el rojo vivo del discrimen —ese diente dorado de la historia pirata que te ató al soslayo. Todos se hicieron sordos al trueno de tu voz dolorida. Castañuelas y espuelas se agudizan danzando en tu lomo de muerte babeante, como bestia de circo, de fanfarria y de daga. Lírica danza desanda en la herrería y en el campo mientras tu canto-sangre brama en las copas del ruedo. Te ensordece el dolor de la oreja cortada, mas con trémulas patas quiebras aquel tablao anunciando tu ida, sin gloria en las arenas. Pero igual no te mueres. Te desadaptan, te marginan, te ignoran. Te invocan al revés de la postal, te estereotipan. Te desuellan... Pero igual sobrevives con tu historia y tu canto de pariente matrona, auténtica Gitana, herida de la vida que abierta se desangra mas no se desgitana.

Este presente es verde...

Este presente es verde
este hoy-urgente reclama su mañana
fundiéndose al metal de la esperanza
sin oxidar la lucha de los muertos

a ojos cerrados
y pasos en el fango
se pinta el alba recia
desde camas desiertas

hoy
no se cuelan preguntas sin respuestas

el día las desnuda.

Usted sabe, Maestra

Usted sabe, Maestra,
que le debo más que versos
y que,
definitivamente,
es imposible cancelar factura
porque el sol
de los días de mi vida
tiene su rostro
su calor
y su fe.

Esta deuda a su ancestral amor
—ascendente función espiritual—
deriva en infinita maravilla,
germina su su vientre, nace,
se multiplica día a día...

¿Con qué algoritmo nombrarte, Madre?
Después de su nombre,
cualquier frase
es un adorno innecesario...
excepto
que la amo.

Se me rompió la vida... Viejo

y tú tan lejos.
Se me rompieron todas las estaciones
y, sin tiempo ni brújula,
deambula
mi corazón, ¡oh Viejo!,
y tú tan lejos.

Se me rompieron, Viejo,
mis estaciones...
y tú tan lejos
para no preguntarte de tantas cosas una:
¿cuánto pesa en el tiempo
 un hombre sin pasado?

Se me rompió la primavera,
se descuajó jugando al escondite;
se me hizo bizarra,
se me empañó el cristal para mirarla.

Se me rompió la vida,
Viejo,
y tú tan lejos.
Se me apagó el verano,
se me hizo imposible.
No pudo ebullecer ni dilatarse.
Se me quebró el verano...
¡y tú tan lejos!

Se me rompió el otoño.
Las tardes también se me han quebrado,
y los parques y las caminatas, todo.
Se me destroza el sol dentro del pecho
y la que fuera claridad de crepúsculo,
la amarilla sonrisa de mis días,
hoy no lo es más.
Se desgarró.
Se deshizo en mis sentidos.
Se me secó en la rama del recuerdo.
Se me desdibujó, se me hizo añicos
              el lienzo del pasado.

Se me rompieron todas las estaciones.
Se me quebró la vida,
Viejo,
y tú tan lejos.

¿Qué hacer con el invierno entre mis venas?
Estoy petrificado. No soy. Niego esta estatua.
¿Dónde?
¿Dónde te me quedaste tan lejos?
Ahora que se me rompen todas las estaciones,
por qué no vienes y me dices
que esto es sólo un ahora...?

Tal vez así,
sobre mi corazón renazca
la irracional maleza, el iracundo bosque,
la ilógica fauna de mi selva salvaje.

Pero te me quedaste tan lejos,
tan lejos, Viejo.
¿Cómo decirlo?
Viejo,
tú que conoces mis ases ocultos,

tú que descifras mis aguas
y mis laberintos,
¿cómo no lo percibes?

Ven,
trae toda tu sabiduría
y descíframe este trance:
justo en la vía

se me rompió la vida,
se me rompieron todas las estaciones.
Se me rompió la vida, Viejo,
¡y tú tan lejos!

Temblor de espejos

El otoño del carbón que ahora me mira resbala en la memoria. Penetra hasta el invierno de mis huesos. Lo alimento con trozos de mi vida disuelta que estallan como trigal sesgado por tormentas de pecho. Danza el amor encendido espejando la noche de mi interior que no descubre sino cicatrices camino hacia la luz. Por las grietas del olvido se cuelan desesperadamente las verdades. Resisten a ser humo sobre la piel de plata en la que se identifica mi rostro una y otra vez... Dos, tres, innumerablemente se revelan mostrándome sus surcos de luna y de desesperanzas, como cartas marcadas por la geografía de las penas. Éstas también caen al incendio ante mis ojos asombrados que juran que no tiemblan ellos, sino los espejos —los altares impuestos.

Desde el exilio económico
Inviernos en Massachusetts
1997-2020

De soles abiertos

De soles abiertos solivianto musas. Hay tornados intrínsecos socavando demonios. Preciso el filo de la espada que ilumine este túnel. Pido piedras chispeantes. Magma que pincele murales denunciantes. Voces-navajas que taladren silencios cómplices de satisfacciones inmediatas. Hay tanto combate a oscuras en las adoquinadas salas. Alfiles certeros salen de su protocolo, enlutando avenidas de miseria. Hay un alud de olvido sobre el hambre al doblar la esquina. Alguien desdobla códigos, aúlla, y luego impone, a muros, el absurdo del odio... la sutileza del discrimen.

Catapultas, arcabuces disparando sentires avasallan, irrumpen derribando ventanas paisajistas. Turbas de hirientes filos desgargantan lecturas, protocolo, vino y mierda... Desorbitado, alcanzo a ver la vida que —preñada de mí, desata su tornado, pariendo irreverente, imprevista y sin rumbo, mis soles abiertos. De soles abiertos nace un teclear unirrítmico, la geografía deforme de mis pensamientos. Hologramas. Meditaciones prófugas, como desesperados transeúntes, improvisan cobijo bajo el azar del tiempo. Bebo este suelo blanco. Es caldo frío que me enclaustra. Ártico extraño. Oquedad. Mudo mural. ¿Qué me haces? ¡Deshiela ya mis dedos!

No me da miedo comenzar de nuevo

—Diálogo para uno—

No me da miedo comenzar de nuevo.
No temo entrar en la noche sin abrigo;
ya el día tejió, sobre mí, trincheras.

No me da miedo comenzar de nuevo,
romper el ritmo de las horas diarias,
y decirme que ya es tarde la mañana,
o bien ignorar la amenaza del tiempo.

¿Por qué temer el comenzar de nuevo?
Desconocer la muerte suele ser la libertad.

¿Para qué asirme si sólo me limito?

No me da miedo comenzar de nuevo.
No me da miedo. No. No me da miedo.

Al "dios" dentro de mí

> *"Bestia que lloras a mi lado, dime:*
> *¿Qué dios huraño te remueve la entraña?*
> *¿A quién o a qué vacío se dirige tu anhelo,*
> *tu oscuro corazón?"*
>
> —Dámaso Alonso

Justo al borde de la llama extinguida brama tu brisa buscando mis cenizas. Me despolva de ausencias me calcina el desgano y he aquí que hiervo volátil vida, karma sin sosiego.

Me precipito, terqueándole a la vida trocitos del oficio que me hace palabra. Este oficio de garras que, desde sus cimientos, esculpe con astillas mis estatuas mudas y desnudas: reos de miles causas que habitan mis vacíos. Brava brisa, viento vivaz, vuélame los pétalos. Deshoja los formales jardines disecados que me visten, déjame sólo espinas como alarmas certeras de las horas despiertas. Vuelve. Enrójame, que ya de azules cielos volcanean mis infiernos. Aviéntame terral. Dame la sed de los desiertos. Hambréame los días, que de retos inertes se me desgasta el alma. Ahuella mis arenas, ¿cómo vivir sin cómplices? Necesito testigos —aunque caven la tumba de todo cuanto digo. Desnóchame las venas. ¿No ves que muero a oscuras? Dame... ¿qué más pedir? Dame los soles abiertos que precisan mis órbitas.

De soles abiertos

De soles abiertos solivianto musas. Hay tornados intrínsecos socavando demonios. Preciso el filo de la espada que ilumine este túnel. Pido piedras chispeantes. Magma que pincele murales denunciantes. Voces-navajas que taladren silencios cómplices de satisfacciones inmediatas. Hay tanto combate a oscuras en las adoquinadas salas. Alfiles certeros salen de su protocolo, enlutando avenidas de miseria. Hay un alud de olvido sobre el hambre al doblar la esquina. Alguien desdobla códigos, aúlla, y luego impone, a muros, el absurdo del odio... la sutileza del discrimen.

Catapultas, arcabuces disparando sentires avasallan, irrumpen derribando ventanas paisajistas. Turbas de hirientes filos desgargantan lecturas, protocolo, vino y mierda... Desorbitado, alcanzo a ver la vida que —preñada de mí, desata su tornado, pariendo irreverente, imprevista y sin rumbo, mis soles abiertos. De soles abiertos nace un teclear unirrítmico, la geografía deforme de mis pensamientos. Hologramas. Meditaciones prófugas, como desesperados transeúntes, improvisan cobijo bajo el azar del tiempo. Bebo este suelo blanco. Es caldo frío que me enclaustra. Ártico extraño. Oquedad. Mudo mural. ¿Qué me haces? ¡Deshiela ya mis dedos!

Hacia la edad del verbo...

— Palabra... ¡qué suerte tenerte!
Palabra... holograma de sentires—

Este poema cíclico que floreció a la sombra del anhelo, reconoció en su crecer al hombre de la espera y de los sueños. Memorias batallando en retirada hacia el olvido, desmantelaron altares construidos sobre los cristales de las expectativas, mas no sobre la objetividad y el pragmatismo que fuerzan la marcha de los días y el inevitable cauce de las aguas camino hacia los mares —ajeno de presencias urgentes.

...Y es que, definitivamente, sus figuras se extrañan, se interpolan a otra escala. Sobrevuelan calendarios en su búsqueda, en su reconocimiento conciso, en su andar, ajenas para siempre, para siempre ajenas, al juego del *"quisiera ser, pero no puedo"*. Se desverbó el poema en su afán de describir la trayectoria del laberinto que escondía su ruta. Se hizo concreto. Se moldeó, como piedra de río, al roce y fuerza de aguas libres.

¿Dónde anidaba, entonces, la piel que lo cubría? —En otros verbos, sin duda, en otros verbos. Espirales verbales, mutaciones, metamorfosis, abanicos amplios conjugaron el arco iris del poema que ahora trasciende hacia la edad del embrión, hacia la edad del verbo...

Soliloquio

Locura… ¿He escrito locura?

¡Ah! ¡Es un gran goce la locura!

Con ella me desvisten a su antojo —y cuando no, con mágicos atuendos me cubren los sensatos, los cuerdos. Así que enloquecido mejor es abstenerme de diatribas, parlamentos y circos y seguir en la locura. Ella, la única que accede a los descubrimientos, pese a los titulares de la prensa, las predicciones del tiempo, las letales estadísticas, los horóscopos, las encuestas pagadas y pese a todo el andamiaje del cíclico razonamiento —rumiante por demás, que te enmudece y te convierte en péndula pantomima del horario, negadora de cuestionamientos —esto es, de creación.

No. No me pesa el atuendo. Embriagado en mi locura, desdeño el vino amargo de las condicionantes.

Me ha asaltado el poeta

> *Blanco allá como la muerte*
> *ora, arremetes y ruges*
> *ora, con el peso crujes*
> *de un dolor más que tú, fuerte.*
> *¿Habré como me aconseja*
> *un corazón mal nacido*
> *de dejar en el olvido*
> *a aquel que nunca me deja?*
> *Verso, nos hablan de un dios*
> *adonde van los difuntos*
> *verso, o nos condenan juntos*
> *o nos salvamos los dos.*
>
> —José Martí

¿Qué sería del mundo sin la poesía y el canto?

Más allá del tiempo, trepidantemente trina la sangre universal del obrero. Ya en la mina. Ya en la zafra. Ya en el campo. En la incisiva hoja del cacao. En el dolor-aroma del café. En las verdenavajas del cañaveral. En el recóndito ataúd de la desolación plural. Allí, en el martirio rojinegro del peón, la sangre, sangre es. Es el sudor sudor allende el sol y la mortaja. La muerte es muerte. Verso vanguardia es doquiera pulsa el corazón de los plurales corazones contra la iniquidad sobre la tierra —exhausta ya de estar exhausta— hastiada del hastío, de par en par pariendo alba sin luces.

Me ha asaltado el poeta y su canto desterrado. La mina, la zafra, la ira de los tiempos, la poesía vertical. ¿Cómo dormir, sino muriendo? Vale vivir desvelos, *cerrarle los ojos a la noche* sin claudicar ante el perenne estupor que nos desquicia. De frente, de frente el verso y el latido. De frente, de pie, de pie la fragua, la convicción que abrasa en puños que succiona, que seca y no se sacia. ¡Convicción! Metalurgia de luchas; perseverantes, tercas, cerriles ante el azote feudal y el bruno embudo del molino que constriñe.

He aquí el hombreverso —mineral íntegro bramado de las cuencas frontales— frontal, verídicamente horizontal da cuenta de los telurios íntimos desparramados sobre la aridez del hambre. He aquí el exiguo salario de las generaciones sepultadas, hoy presente en el horror sideral, en el atroz exterminio de frutos entrañables. Tierra sin tierra, semillas sin semillas. Todo el pavor del mundo se deslumbra en las arcas inmundas. De oro mugriento, abarrotadas. Mas sobrevive el verbo, revienta en las esquinas, se pincela en las paredes populares, se ondea en la mocedad que a fuerza de murallas represivas arrecia su garganta y esputa y reivindica a versos, a puros nomejodas, a furia desbocada despechando los pechos, volcaneando volcanes... ¡Vivo estoy!

Al poeta silente que me habita

> *El que tenga una canción tendrá tormenta*
> *el que tenga compañía, soledad*
> *el que siga buen camino tendrá sillas*
> *peligrosas que lo inviten a parar.*
> *Pero vale la canción buena tormenta*
> *y la compañía vale soledad.*
> *Siempre vale la agonía de la prisa*
> *aunque se llene de sillas la verdad.*
>
> —Silvio Rodríguez

¿Quién cosecha albas al final del crepúsculo: la terquedad o la perseverancia? ¿Cuántos milímetros de voluntad media entre las dos?

Un ir más allá de las horas que caen con su sortilegio de deberes cumplidos, horarios agotados —el río imparable de los actos sucedidos, con o sin agenda.

¡Ah de nosotros, los desafortunados duendes de la ruleta que nunca se detiene! Péndulos del yo-tú-el-ella-nosotros-vosotros y ellos, en el vaivén mecánico que, sin apelación, nos mueve. Y ahí vamos —sordos y a ciegas— en busca del vacío en donde, con la breve llave de la madrugada, sellaremos esta existencia que se nos hace ajena… El crepúsculo-alba, vaivén del no te rindas, pulula en las caderas, se asiesta en las espaldas, arde en las sienes y brama en los pobres dedos de los pies, que apenas tienen voz para un ya basta, así sea implorado al desierto de urgencias que les llevan de huella en huella, sembrando caminos al oeste del sol, allí, donde no es lejos, apenas a un suspiro al sur de la cordura.

Nadie puede sustraerse. Así no quieras, te rastrearán albas dispuestas a vestirte de hormiga labradora o abeja obrera. El caso es que has llegado apaleado y sin huesos y sin otro remedio que volver a empezar... Menos mal, el filo de la vida reluce en tus espejos. La cosecha ya empieza. Venid, traed al duende que contigo vive y que no duerme. Venid a torear soles, a pelearle imposibles a la rutina que nos bebe a sorbos de desdenes.

Vámonos a deshorizontar caminos, vámonos descuerdando guitarras, a desversar textos oscuros, escritos por el otro que se pudrió en silencios... Vámonos, es hora ya de apedrear vidrieras.

Son plenero para Puerto Rico

(Poema para el Festival Latino de Worcester, 1998)
En el centenario de la invasión a Puerto Rico
y la propuesta de decretar el inglés como idioma oficial)

A Pedro y Carmen Dávila;
Dolly Vásquez, Lucelia de Jesús,
Coqui y Leo Negrón, Ruth Rodríguez,
Juan Gómez, Hope Oliveras,
John y Gladys Rodríguez,
Juez Luis Pérez, Matiza Cruz y
Saraí Rivera Sandoz.
En ellos
a todos los puertorriqueños que llevo,
en este Caribe, desbordado en las venas.

Vengo del sol y las flores
vestido de cundiamores
a hablarle a tu corazón
en nuestro dulce Español.

Hace cien años llegaron
con malsanas intenciones
y a nuestro suelo mancharon
con su inglés y sus cañones.

Cien años de falsedades
de injusticias y atropellos
déjenme decir por ello
aquí unas cuantas verdades:

Bandera tengo ¡y muy bella!

no me la cambies paisano
por una hipócrita estrella
que me niega aquí su mano.

No me confunde el color
de las ajenas estrellas
aunque sean cincuenta
o más, ellas nunca podrán
ocupar el espacio de mi sol.

Y es que soy como el Coquí
puertorriqueño purito
aunque vinieran aquí
con lengua extraña y metralla
nadie en mi pueblo se calla
¡Que viva mi Puerto Rico!

¡Cien por ciento borinqueño!
¡Cien por ciento caribeño!
Taíno, criollo sincero
mezcla con África plena
tambor, tumbao, soy sonero
¡Llevo mi Cuatro en las venas!

Donde quiera que me encuentre
llevo un Jíbaro conmigo
en el centro de mi ombligo
y nuestro orgullo en la frente.

No me van a hacer cambiar
mi cultura, mis valores:
¡Tengo Patria! ¡Tengo un Pueblo!
Escúchenlo bien, señores:
¡No me van a hacer cambiar!

Que sigo hablando Español

como buen criollo y hermano
de sangre, raza y color:
¡Soy latinoamericano!

«Aquel que no está orgulloso de su origen no valdrá nunca nada porque empieza por despreciarse a sí mismo».

PEDRO ALBIZU CAMPOS

...Y tú, Hijo del Imperio

—A George W. Bush, títere gobernante,
producto reciclado del colonialismo histórico.

...Y tú, Hijo del Imperio
sísmico pensante, obsesión del desquite
onda telúrica que en la historia acomete
vorazmente avasallas
tan sólo por ceñirte ensangrentados cetros,
cenicientos laureles de aquéllos calcinados
en tu antorcha de sombras y arrogante descaro.

Tú, Hijo del Imperio
deshacedor de sueños
desgarrador de vidas
te repites centurias tras centurias
como eterno coloso de la pirotecnia.
Proclamas —y reclamas, tu sempiterna gloria.
En papiro de cadáveres has escrito la historia
—tu historia, esa de vencedor invicto
                    en virtud de dominios.

La historia que te erige "salvador" del vencido.
La historia en la que escondes tu semilla de muerte
ya maquillas con ella las tumbas de tu pólvora
y adoctrinas el germen de la heroica
grandeza que vendes:
grande el conquistador, el que degüella,
el que surca la tierra a espada y catapulta,
el que a daga y cañón "civiliza" al extraño,

grande, grande el que azota a espada
                         y arcabuces,
a metralla y misil grande,
como grande el Imperio
que a pan y circo desgobierna
los mundos en el tiempo.

Tú que siembras la muerte y cosechas mercados
—adrede lo repito con tañido profundo:

tú que siembras la muerte y cosechas mercados
luego lustras el luto con neón resacado
y dispersas medallas con gran parafernalia.
Ejerces el cinismo de "ayuda humanitaria"
mas no cierras la herida
que brama en el costado
ni apaciguas la llaga alojada en el alma.

Es tu idea imperial reeditada en el tiempo
la que impone grandezas
con botas de invasor
es ti —en tu ombligo, el germen de barbarie
disfraz de diplomacia,
acuñada en las bombas.

Hueles a horror, Hijo del Imperio
usurpador de minas, violador de vecindades
que por igual dominas átomos y metales
cibernéticas mentes y ojivas nucleares

tal es en tu casta:
—la plusvalía del terror,
que no te importa el cómo ni los dónde
ni los cuándos —sólo cuenta$ lo$ cuánto$.

¿Cuántos cielos precisas

sobre océanos de sangre?
¿Cuántas costas requieres para explayar
la plusvalía del "patriotismo"
que proclamas?

¿Cuántas fronteras de prejuicios has de erigir
antes de que despierten de tu vendido sueño
los hijos de los nadie, huérfanos de futuro,
diezmados por el hambre
en el ombligo mismo de tu opulencia?

Hijo del Imperio
—sofisticado dueño de la industria del miedo,
hablas de libertad mientras siembras tiranos
eufemizas democracias imponiendo
mordazas,
¿por qué, mejor —y de una vez y por todas,
no declaras tu empeño?

Monolíngüame
expláyame la lengua, divorcia mis sintagmas,
exilia mis raíces, culturízame a tu semejanza
exorcízame la identidad, tal vez te baste.

FBÍzame, escrutíname, indágame el aliento,
el modo de vestir, el pensamiento,
el andar y hasta el afán
total, eres tú quien orquesta el ritmo de mis días
el que amedrenta, el que otea mis gestos
quien de mí —pese a toda tu opulencia— teme
desde el sol de mi origen a la idea de mi mente.

CIAéame
el sueño con noches de terror
corrómpeme en nombre de tu seguridad
inteligénciame con cuentas bancarias

agénciame el bienestar
en tanto yo preserve tus intereses
allende las fronteras
que tú mismo mesuras.

Fondomonoterízame la cuota,
la mesada que das
—limosna lisonjera que espera dividendos,
eufemiza la forma
(la explotación no cambia)
en tanto el fondo bien define los polos:

al sur de las desesperanzas
cinturones de muerte asfixian
a los deudores
al norte, las bonanzas:
se abarrotan las arcas de los perseguidores.

(Al centro:
piratas traficantes de sueños
tuertos de la avaricia
y mutilados de conciencia
instrumentos del estatus,
gobernantes-gatillos
responden al dedo genocida
del Hijo del Imperio)

CNNéame, FOXéame, ABCéame,
etcetéreame el discernimiento
abrasame el instinto de mis dudas
bombardéame tu opinión hasta axiomarla
automatízame el juicio, UPI-APéame,
disuelve mi criterio en tu pantalla elaborada
píldora de fantasías
que me convierte en masa,
en vulnerable masa —eco de distorsión,

alienada, incapaz de digerir
el porqué de los hechos
y el río de sus consecuencias.

Aterrorízame el presente.
Ayer
(te lo recuerdo sólo
para que sepas que lo sé
—y que no olvido)
descoyuntaste las américas
desde su centro caribeño
hasta el sur de los bravos y su Tierra de fuego.

A golpes de invasiones, coerciones,
golpes de estados y fraudes
bajo tu manto y tu mando
quedaron mutiladas las generaciones
que te vieron expandir, Hijo del Imperio.

A ti no te bastaron las costas del Atlántico
al este de tu hambre
querías más,
al oeste, al oeste —tierra y oro
no sin antes la muerte
de los que allí encontraste:
indios —así llamaste,
a los nativos que perseguiste,
acorralaste y mataste
hasta dejarlos en piedra
sed y polvo, tú, *pionero del rifle*.

Al oeste, tu codicia engulló
las costas del Pacífico.
Tendrías que adueñarte
de este sur de tus miedos
para saciar la sed de tus empeños

para reconocerte en el espejo
como Hijo del Imperio.
Este presente
en el que a diario eructas
el hongo de Hiroshima
no sin antes pulgar el genocidio africano
trabado en la garganta que ondea tus mentiras
decides ignorar los insomnios de tu historia
y una vez más el mundo te parece pequeño.
Ahora cierras los ojos a la entraña que brama
y martilla la viga de tu ojo:

¿Cuántos de cada cien niños desviven
en horrenda pobreza, aquí en tus calles,
en las mismas fauces de tu rugiente Imperio?
¿A cuántos de tus ancianos
prescribes precipitadas muertes
en las cerradas puertas de tus ricas boticas?

¿Cuánta desproporción alertará tu indiferencia?

Hoy no te quita el sueño
el holocausto común de las llamadas "minorías",
te satisface saber
(y otra vez te lo digo sin metáforas
tan sólo para que sepas que lo sé
y que no olvido)
que en el modelo de tu democracia
el porcentaje de los "minoritarios" encarcelados
desborda desproporcionalmente
el espacio que debieron ocupar
en la academia. En cambio, deliberadamente,
castras las oportunidades de los hijos de nadie.

Hoy, nada no te quita el sueño
ni los índices de deserción escolar

ni las estadísticas del tráfico
consumo de muerte
ni el déficit fiscal
que otras generaciones deberán sangrar.
Nada. Nada te quita el sueño,
Hijo del Imperio.
Hoy —no si antes orar
al dios de la moneda en quien confías,
imbuido en la magia
de la Madre de Todas las Bombas
tras la máscara de tus movedizos estándares
repicas las campanas de tu alcohólica orgía
y a misiles la muerte
sale a sembrar la muerte
cielos de bombarderos
lluvia de plomo y fuego
y en el aire la muerte
y en el suelo la muerte.

Mientras la mar también esputa
muerte desde tus portaviones
y la arrogancia de tus destructores
hace honor al infierno de acero,
en Las Vegas el dólar es travestí de fiesta
sigue la muerte su ruleta
mientras las madres —ojos de pavesa
reciben mutilados los cuerpos de sus hijos

tú —Hijo del Imperio, retuerces la cabeza
cual conductor frenético de la muerte orquestada,
blandeas la batuta del delirio marcial
y la marcha sin fin de los hijos de nadie
descienden de la vida
silenciosos, solitarios,
amordazados por el Pentágono
los sombríos veteranos de guerra

ayer, héroes de tu agenda
carne de tus cañones,
fichas de tu Walt Street
daño colateral en tu olimpíada de muerte

hoy, pululan sin techo y sin estrellas
duendes anónimos, pordioseros de esquinas

lo mismo que tú, Hijo del Imperio
hoy, arrogante labrador de la muerte
mañana serás sombra en la historia:
sustentador del cetro del desprecio del mundo.

El eco anónimo

—A mi entrañable hermano, poeta Dagoberto López-Coño —

¿Quién escucha la voz de los anónimos? ¿Quién calla su coro? ¿De qué color es el pentagrama de sus gritos? ¿Quién dirige la orquesta con batuta de censura?

Ayer desparramé las dudas sobre las corajudas corbatas de los autorizados, los autodesignados corajudos manejadores de propuestas. Y no encontré respuestas sino la indiferencia vestida de etiqueta. El protocolo conciso de los ceremoniales. La claque. Los santificados eruditos, especialistas en decretar inexistencias, en desnombrar los insistentes parturientos de claveles y versos con pétalos sutiles y —a veces, cómo no, encoñados…

Las hienas del Poder

La copa irracional se vierte explícita sobre el desnudo ignominioso del Poder. El circo del terror celebra a manos hienas. No es sino bruno el escenario impuesto a golpes del desafuero feroz. Dentelladas de infamia devoran las conciencias. Títeres delirantes a voluntad y sortilegio de la avaricia —los estamentos— asolan al Estado. Presa indefensa del despotismo malsano, la sociedad tiene por dieta la mordaza, el desafuero que amedrenta, la esterilidad de su denuncia... Este grotesco vals —vaivén de indiferencia colectiva— calzado de impotencia, socava albas vanamente esperanzadas. Impunes, las hienas del Poder otean fijamente su objetivo. Van por él. Abiertamente y sin mesura. Cualquier indicio solemne es avatar. Desde escritorios recios zarpa —seca, precisa y fría— la encorbatada orden. Sicarios cuentan cuentas. Hace tiempo que el fin les justifica el medio. Helas ahí portentosas, indetenibles encubiertas y abiertas, las hienas orgiantes abrazadas al Poder; ebrias de su suprema justicia embolsillada. No se resisten, persisten en su insaciable sed, la misma sed que asfixia las muertes que viven.

Allende de nuestro septiembre

¡Salvador Allende! ¡Salvador Septiembre! ¡Salvador Allende de nuestro septiembre! Esta es la hora sempiterna de la memoria histórica. Doquiera que los soles nos levanten los días, doquiera que el olvido —vestido de pantallas repentinas— intente despojarnos del ombligo entrañable, doquiera que el principio se apropie de la sangre. Aquí está la certeza de los huesos alzados sobre hogueras, las execrables flamas de traición y de odio a la perenne aurora de los pulsos plurales. No se desdobla el alma. Cual indomable espiga que resiste a las trombas, se suceden los hombres enraizados al sur de los principios, al profundo metal del ideal, a la férrea forja de imbatibles tañidos —voces inquebrantables de todos los mortales que desploman vicarios sostenidos a sangre. Más allá de los caminos y las eras, este dolor-amor llamado Allende se consolida a gritos…

El Midas cavernario

—*A Francia Márquez y Luis Carvajal*
entrañables hermanos ambientalistas.

El Midas cavernario sobrevive a los tiempos. Brama su sed metálica, se desvena sobre los serpentinos cauces mercuriales y rojos ríos de muerte. Huérfano de fronteras —con sus sórdidas olas que traspasan las eras, siembra cohechos sobre otroras conciencias —rendidas hoy al filo de las arcas. Es seco el estupor de las gargantas. El oropel mediático vocifera a la altura de la degradación vendida. Con formales modales los midas han urdido el banquete de letales riquezas y en cristalinas cenas se celebra la muerte en copas de cianuro. Ajenos al desgarre, de erosionados suelos; en emplumados bancos condecoran sus egos ahogándose en verdes papiros seductores. Mas el verde allá afuera es luto taladrado; seco caudal de árida mirada. Sólo que hay hongos tercos, helechos acechantes; musgos inquebrantables, espigas indomables cual hiedras contra inviernos. He aquí las voces inmutables, los perennes desvelos que avasallan codicias. Sólidos sembradores de ecos sostenidos estallan y despiertan hombres reverdecidos y mujeres decididas; fundidos por la vida para parir las lomas y poblarlas de vendimias hasta anegar la muerte que se le dio por oro.

En la espinosa pendiente del decoro

—Al amado País de nuestros sueños

¡Mueran las albas! ¡Mueran! Descomulgo las albas ennublecidas que abyectan la certidumbre del rocío y el trinar cadencioso del día y sus labriegas, atavías silvestres que siembran la esperanza. Condeno por igual a los brunos crepúsculos, vicarios del cinismo que encorbatan las horas. Denuncio la noche con su preñez impune y sus mustios efluvios, cortinas que adoquinan la ignominia. Despincelo esas tres dimensiones de decepción perpetua en donde la desesperanza parece pincelar el calendario. Un titular más al sur de las angustias. Una denuncia más al norte de los vacíos. Una burla más al oeste del ultraje. Un alud de corazones lacerados al este del honor vilmente vejado con vil alevosía de césares mesiánicos. Todo el contubernio de silencios asolapados en togas y birretes, en cleros, concordatos, en la burda solemnidad de los confesionarios...

La lapidaria impunidad de los pudientes penitentes truena cual sello omnipotente de enajenadas suertes. Cauces incontables de riquezas infames ponen a su merced títulos y diademas, encomiendas y cargos, embajadas y departamentos, en la inmunda carrera del prestigio público. En tanto, el hambre adoquinada deambula a merced de siniestras caridades que no libran a la argucia del cincel puntiagudo —la conciencia postrera.

Es tarde. Tal vez es tarde. Mas, terca es la razón del humanismo, que me nacen verdores en mi agreste desierto. He aquí que en el postrer suspiro apuesto a la justicia cincelada en el verbo que paren las acciones. No estoy solo. Marcho con todos los Sísifos silenciosos —tal vez imperceptibles— desafiando al día allende sus albas y crepúsculos. Encaramos al tiempo con sus erectos picos y sus océanos oscuros, con sus luces y luto, con sus afrentas sobre recias mejillas, con nuestras nadas. Mas con nuestros todo, sin renunciar al fardo sobre nuestras espaldas. Sin renunciar al reto de los frentes, ni a los desiertos que nos pueblan. Y en la espinosa pendiente del decoro ancestral, ¡levantamos los huesos de la vida!

Del estático lar

> Yo voy soñando caminos
> de la tarde. ¡Las colinas
> doradas, los verdes pinos,
> las polvorientas encinas!
> ¿Adónde el camino irá?
> Yo voy cantando, viajero
> a lo largo del sendero...
> -la tarde cayendo está-.
>
> —Antonio Machado

Puede que en la distancia se nos salobre el alma. Puede que en las laderas de mares y de palmas se nos renueve el ente y la mirada que quedó congelada al punto de partida. Puede que seamos nostalgia, arena, viento solaz o vida repetida en la memoria nunca ida. Puede que el sol nos tibie o nos abrace o simplemente nos despierte párvulos, nos pincele con pubertos idilios y nos duerma con crepúsculos tiernos de inolvidable entorno. Puede que los recuerdos nos sean ya insípidos ante el peso del tiempo. Puede, que, sin darnos cuenta, tras los largos inviernos, a fuerza de los fríos, nos quedemos sin bríos y empecemos, también sin darnos cuenta, a sentir la *desapasión de la memoria*.

Empero, hay días, no sé... tal vez como éste, en los que aflora el reuma de otros tantos ya idos y los huesos bostezan calendarios marchitos. He aquí que somos el aliento infinito que anhela, clama y sueña el sueño del retorno. (Tal vez alucinemos eso, en el último instante). Sin embargo, frente al espejo del tiempo se enraízan y se ensanchan las primeras raíces. No es negación. No. No claudican jamás valores y principios encunados en el génesis único de los días primeros. Solo que hay gestación. Hay nuevos partos asumidos en las lides de este nuevo suelo al que entregamos afanes, sentires y desvelos. Somos esa cadena alerta del devenir que trasplanta y transforma la vida que trajimos en vidas florecidas… Firmes alerces somos que ebullen del reto a la esperanza. Y en la extraña maraña que intenta corroernos, a fuerza de firmeza navegamos enteros sobre mares abiertos con faros definidos hacia otros horizontes.

Gélido o calcinante, el marco poco importa. Importa este saberse íntegro ante el espejo que espeja la certeza del ser, ante el juicio infalible de medular mirada.

De tu pena, poeta, de tu pena

> *"Umbrío por la pena, casi bruno,*
> *porque la pena tizna cuando estalla..."*
>
> –Miguel Hernández

Hoy me duele la vida en tu dolor, *"que por doler"*, te vivo como Miguel en la hernandiana vena —y el calor— humanamente herido en lo plural. Ha de saberse absurdo este angustiarse de cara a los resabios de la vida, en que a fuerza de dagas brota el alma, acuchillada entera en desalientos. Calma no se percibe en lo más mínimo cuando detrás de todos los sintagmas se resquebraja el ser sin ser sentido en la proximidad desierta de la estancia.

De todos los dolores duele más este ignorar, este no ser, este no estar y este no ser el blanco del sentir, de quien se espera, reconozca nuestro ente en lo profundo y se enfangue a la par por lo que es uno. Hoy me duele, poeta, tu amargura como duele la lluvia en la espesura del cincel repetido en llaga abierta.

Que este caudal sangrante sea la puerta donde corra hasta el fin toda tu pena. Es esta piel la piel ajena un yo plural, mi voz tu eco, el eco de los ecos, la campana que tañe, ¡el mar abierto!, por librarte del pecho el desaliento.

Ante una foto del cayo

Inigualable...

Sin embargo, plural es la memoria,
un sempiterno olearse contra el tiempo.

Atrincherados contra los embates del olvido,
arenados al vaivén de la vida que nos mece
día a día, de unidad a unidad,
péndulos del recuerdo
bogamos
multiplicando instantes perennes
pese al cronos que platea las sienes
y nos convierte en huellas, pasajes, nombres idos,
fronteras del antes y el ahora
sepultados en la infancia que nos crece,
en la mocedad —sombra agazapada—
donde tercamente albean los recuerdos
y peleamos a muerte por la vida marcada
que niega claudicar ante el distante emblema.

Inigualable. ¡Oh, Cayo calcinante!
Única razón de la existencia salobre,
bramido alucinante, evocación perpetua,
marea vivaz, simiente sol de soles.

A cuestas el palmar, el laurel y el bagazo.
Este bagazo-cuerpo que cargamos
más allá del pesar de los pesares;

más hondo que la hondura del retorno,
más leve que el peso del olvido...

Allá...

Allá la vida que quedó en los ojos
del sueño interminable. Allá la estampa
que nos minara el ente en las entrañas
del sur que se eterniza en la montaña,
la arraigada memoria que nos define el alma.

Acá ...

Acá la imagen del ser que siempre fuimos,
la solemne inherencia de saberse compacto
pese al ramal del tiempo
que nos cincha y nos templa
cual la callosa piedra que corta impenitente
el vendaval salino que nos transita el sino.

Sempiternos —mas mortales—
nos espejamos puros
insistiendo en el arco que tensa aquel legado
donde fuimos, y somos, presencia y nunca olvido.

Bendita sea la memoria...

*(A la memoria de todos mis ancestros
del amado lar de Fundación, Barahona.)*

> *Déle compai' al arró'
> con su mano de mortero
> que entonce' le sigo yo
> con gana y rijmo certero.*
>
> *No se apure ute' compai
> que yo le majo parejo
> si uté no me pue' aguantai
> ¡váyase a amarai vecerro!*
>
> —Porfía entre el Tío Cucuyo y el Tío Mancoyó
> mientras majaban arroz bajo el guatapaná

Tonada campesina del arroz, esa mágica sensación sonora que escuché por primera vez en el patio de "Güelita Mariana" y de "Güelito Aucho" —como solía llamar a mis abuelos maternos... Me extasiaba, me prendía de la tarde cuando los primos grandes y los tíos despulpaban el arroz con aquellas inmensas "manos de morteros" —palos hercúleos de caoba y a veces de guayacán— en su vaivén preciso, fuerte, audaz; produciendo a su vez aquella música venida de la tierra; con la mágica precisión de entrada y de salida, sin tocarse unas a las otras, las tres manos de pilón manejadas con la ingeniería del hombre de campo que cantaba, con maravillosa y rotunda voz ancestral, cantos venidos de tiempo en tiempo, de generación en generación y ¿por qué no?, aquellas tonadas improvisadas que nacían de los sucesos acontecidos en la cotidianidad campesina. Cantos llenos de sapiencia, de pureza inigualable, de genuina sabiduría, como la de la tierra misma... ¡Ah, del desfile de esos sonidos únicos! De ahí; de la garganta de la tierra, de la polvareda, del viento suave bajo el Guatapaná, árbol de todos los siglos que aún vela mis tardes de sosiego... De ahí de las manos callosas a fuerza de labranza; de los pies descalzos domadores de "bayajondas" (decir fundacionero) y de todos los espinos silvestres que poblaban el suelo salobre del milenario pueblo. De ahí, del ombligo de los ombligos, salía el cántico-tonada a pulular de patio en patio; llevando el testimonio del sudor honrado en el trabajo, en el labrar de la dignidad misma, esencia del existir genuino sin moldes extraños señalados. Vivencia de vivencias; memoria de memorias: ¡el canto único de las manos de pilón celebrando la fiesta del arroz ya cosechado!

Responso de la mesa...

Llevo la casa
indeleble
quebrada en mi costado

tan grande
tan grande
¡oh, madre!

la casa de mi infancia
tan llena de cosas
en la memoria mía

¡y tan vacía!

-Juan Matos-
Del milagro de la espera (2005)

...viva, hirviente, roja y negra. Eterna estampa de la cotidianidad. La mesa insigne. Folklore ancestral... Tubérculo familiar, mi altar de barro. La sempiterna mesa de los todos: matinales vivencias junto al fogón materno... Las manos de la abuela, batiendo la espumosa leche al abanico de sus brazos, preciso arco quemante... El misterio de la olla silenciosa empotrada en las piedras mechada por asados: la batata, el maíz, el lingote dorado bramando miel sobre su cáscara negra, un vergel de vegetales ardientes, el cálido consomé —medida justa del amor concentrado, el hogar mismo: todo bajo el jarro del café incitante y aquel aroma a vida colgando de un racimo... Tradición fulgurante que, raspada en las cenizas, calza de adivinanzas la niñez asombrada en el ardid del cuento, en la hazaña del tío, abuelado en mis sueños...

Todo, todo alrededor de la mesa que la memoria abraza y retuerce y teje en los zigzagues de las inmediateces en donde, de repente, se despedaza uno mirándose al espejo que ya, nunca más es aquella charca muda en la que mi imaginación, desnuda, descalza y boquiabierta, se zambullía entonces con sus desorbitados ojos... ¿Qué ha sido del fogón, la casa abierta, del *fututo* y la carne salpresada preñada de limón desafiando al sol? No lo sé. Perdí al *similindruño*. No supe sobre cuánto —si *none o par*— a retazos zurcidos se me quedó, hilada de recuerdos, la vida: mi niñez de lomo al descubierto y poros de sencillez, bajo el *guatapaná*...

Y desde entonces vuelvo raneándome debajo de la mesa. Escarbo desesperadamente, siémbrome lombriz. Dinamito mi ombligo y me nace un cráter de interrogantes. No me detengo, mecho, hurgo el bruno carbón-cáliz-luz... hasta desenterrar el ente atesorado del Yo que no se rinde. Entonces, sólo entonces, soy digno de la mesa y su estirpe.

Mema, mabí…

—*Canción al ritmo el' balsié.*

De la cabeza a lo' pie
bella e' mi negra cocola;
de mi Cayo ella e' la ola
por la que vivo —ya ve'
bailando en la puntelpié'.

Enamorao' en la aurora,
al medio día, a toasora'
con re'peto y con pasión,
canta pa' ti el corazón
de'te negro que te adora.

Valen más que tu dulzor
tu temple y tu dignida'
mulata de mi razón,
ere' tú la gran belda'
del plantío y del bohío
donde no hay oscurida'
sino lu' y sincerida'
¡Oh negra, guarapo mío!

De la cabeza a lo' pie
bella e' mi negra cocola;
de mi Cayo ella e' la ola
por la que vivo —ya ve'
bailando en la puntelpié.

Osamí es bateyera

—Más que mi sangre,
llevo mi identidad entre mis venas—

¡Que me duele el alma! ¡Me duele!

De su ombligo a su pelo, de su suelo a su piel; desde el rostro tañido por zafras sempiternas, desde el guarapo que le surca las venas hasta esos labios mabí que susurran auténticos sentires cual hirvientes verdades. Desde el fulgor de sus ojos allende chimeneas. Desde el latir de sus pechos al plantío de sus patios. Desde el silencio guardado al bramido sublime de su existencia agreste. Desde la vida y siempre: ¡Osamí es bateyera!

¡Que me duele el alma! ¡Me duele!

¡Osamí es bateyera! ¡Osamí es bateyera!

¡Bateyeros los huesos de nuestros hombres idos!

¡Bateyeros los gritos de nuestras madres idas!

¡Bateyeros y bateyeras los ombligos, los pasos,
                        las muertes y las vidas!

Se llevaron las vidas en infinitos sacos de sangre granulada. Nos dejaron el hambre, las calles destrozadas, la cachispa en la piel, rigor del abandono. Se llevaron, cual oro, el salobre dulzor de las generaciones. Se llevaron los soles, la melaza, la caña, las vidas retorcidas; pero abiertas heridas perennes nos quedaron en el nombre infinito de nuestra identidad.

¡Que yo no soy de villa! ¡Que yo soy bateyero!
A los vientos mordaces le reclamo mi nombre. A las noches eternas del trapiche encantado. A las tibias madrugadas de la brisa del cayo le revienta mi grito, partido en los pulmones que se inflaman de rabia. ¡No marchiten mi nombre! ¡Que yo soy bateyero! Repentina, la sangre de las mutilaciones mudas —rojinegras centrífugas granularon obreros— reclama por el nombre de tantas horas truncas al estruendo infinito de las locomotoras.

Emergente, la sangre se revienta en las tumbas abiertas de mil albas y ocasos, condenados a olvidos por celadas mediáticas. Hay un Muemén sediento de su nombre irredento, truena, campanéase indómito desgarrando el salitre, la zanja y el machete, bravamente blandido por esos brazos puros que parieron bonanzas…

¡Que me duele el alma! ¡Me duele! Me aflige esta muerte de olvido, curtida en eufemismos. ¿Villa de qué? ¡Ya ni el nombre heredamos a nuestros hijos tiernos! Ya es ajena la estirpe que poblara de vidas un territorio digno del sudor y el azúcar…

¡No gimas, Osamí! Osamí, baila el viento en tu nombre. Excelso es. ¡Osamí! Nombre pulcro. Pulido en las entrañas de la tierra que lo canta. Tu nombre bateyero nos redime en la estirpe de lo que siempre somos. ¡No gimas Osamí! Osamí, dulce negra. Osamí bateyera. ¡Reniega ese martirio burlador del ancestro! Osamí es la raíz; el ente; la dignidad del verbo que llevamos a cuestas para ser lo que somos hasta el último aliento.

José Mesón, memoria histórica[1]

Nadie contó su historia de niño bateyero. Las aulas no nos cuentan si trinaba y saltaba, o bien, si acaso, era muy quedo. Los rieles del batey, ya enmudecidos, ni el crujir de las ruinas dicen si maroteaba cañas a los vagones, o volaba chichiguas como cualquier mozuelo en pantalones cortos. El flamboyán no cuenta de sus cuitas ni el laurel atestigua de esa sonrisa leve que se advierte en sus ojos lejanos. Calla el aura del cayo. Se ha arenado en el tiempo aquel raudo latir brotado de algún puberto anhelo que le insomneara el alba enamorada. ¿Cuán profundo sostenía la mirada? ¿De qué color sus ojos pintaban el mar de la esperanza? No hay vestigio. Las pulpas del café depilado en la fábrica, allá, en la esquina empotrada, colindante al ingenio, efigian su figura al viento de las palmas, o acaso en la arena de su cayo ancestral, se desdibuja a diario la huella de su vida…

¿Era proscrito el nombre del héroe de aquella foto infame que circuló en las calles, como símbolo inefable del terror y del miedo? Silencio. Olvido. Complicidad colectiva. Hay una calle muda que le nombra. Todo cuando más. Cumplido el protocolo, el Cabildo se esfuma lo mismo que la historia. Las aulas —miopes y desmemoriadas— soterran a los héroes.

José Mesón, empero, reclama su nombre en las escuelas. Una siembra acerada de la memoria histórica que coseche en los pechos, bravías mentes claras, ávidas de justicia.

No en vano con sus venas, con sus heroicas venas, se cobijó el nidal libertario de La Raza Inmortal que honra el calendario. ¡Ni un día más que lapide sus nombres! José Mesón, tu nombre taladra aún conciencias. Tu estirpe y tu legado revientan los silencios. Chimeneas aún braman en todos litorales donde los hombres libres ondean la bandera del alba justiciera.

Joseph Messon es el nombre verdadero del héroe asesinado por el régimen del tirano Trujillo. Nativo del Batey Central Barahona, Joseph (Joe) Messon, era mecánico y se enlistó en el ejército. Luego, en uno de los viajes, indignado por los abusos del tirano, desertó del ejército. Se radicó en New York. Posteriormente se unió al movimiento libertador y desembarcó en la invasión de Constanza, Maimón y Estero Hondo del 1959. Fue capturado junto a otros héroes de la Raza Inmortal; torturado y asesinado. La foto de Messon en la silla eléctrica fue usada como símbolo del terror de la tiranía.

¡Coño, Cologüí!

¡Coño, Cologüí, tienes que irte de aquí!
¿Es que no entiendes, coño?
¡Que te vayas pa' tu Haití!

¡Coño, Cologüí! Quién lo diría...
Muemén, Degá, Senclú, Tansú,
Alsinó, Malodiente, Lamesí...

Batey que ya no es.

Muemén vuelve a coñear sobre el puente del ingenio. Preñado de estupor, esputa, putea la blancura del oeste de la isla. Reniega del ataúd de olvido que le niega la entraña cercenada en la centrífuga, en el sinfín de oprobio que le oculta, le desoreja, lo tizna con cachispa de invasor. A él, que, de sol a sol, le disputó al colín —con su bravura— la indigencia surcada por infinitos surcos de ese verde dulzor caído del sudor de su faz de labriego. A él, Muemén multiplicado en el lastre innombrable de su lomo inclinado ante el peso del hambre que le pobló el exilio.

Mamá Degá, manos de magia en la cocina; origen que, desde Haití, caldeara las vidas del Batey quebrantado por las patas del buey; hoy te llamamos vehementemente, Mamá Degá. Hoy, que —en el nombre de un nombre colonial— nos desnombran, nos destierran, nos proclaman ciudadanos del limbo; como del limbo son las escorias de la falsa historia que enarbolan. Historia que nos hace yunta del oprobio; que inhumanamente explota, latifunde, que en la miseria nos funde lustros tras lustros, siglos tras siglos cual yunta que —con férrea brasa— nos prejuicia; nos aliena medularmente el alma hasta desconocernos, hasta desoírnos, hasta deshacernos…

¡Oh, Cologüí bateyero! ¿Dónde, la esencia que, desde el cañaveral ancestral hasta los tachos del tiempo, nos aguarapara con el torrente pueril de la ternura? ¿Dónde la sal que pariera el sentido solidario de la humanidad? ¿Dónde, mi Cologüí ancestral, dónde, en cuál rincón de este oscuro lienzo he de dejar el rostro, ante el espejo de injusticia que hoy te niega?

Coño, Cologüí, quién lo diría…

Tienen razón, patriotas de la alcurnia

Tienen razón, patriotas de la patria, parida en las sedantes sedas de la alcurnia, comprada al filo de la espada colonial. Tienen razón, señores amos de la fusta sutil que nos doblega y domestica. Somos nosotros los ingratos de abajo los que debemos irnos todos al carajo. ¡Al carajo, sí! Acuchillados, lacerados, desnaturalizados (y pese a todo) debidamente agradecidos de los sacramentales pétalos de su misericordia, buenos amos amados. Tienen razón, nos vamos todos al carajo.

Aquí dejamos estas máscaras, la exuberancia edificada por nuestras negras manos; la arquitectura de las vías, prohibidas a los pies del exilio que, a sudor y sol, vidas le dieran. Aquí os dejamos el efluvio perenne del café que sobremesa todo: desde las tardes sociales de las castas impropias, desde las juntas turbias de las bancas bancarias; desde las cínicas confesiones formales en las adoquinadas terrazas clericales hasta el velatorio insigne de muertos innombrables en los cacaotales del olvido. ¡Por fin dejamos libres los cadáveres vivos de las innúmeras zafras!

Aquí dejamos los brazos cercenados al abrasante sol de vuestra exuberante majestad. Aquí dejamos la epidermis tatuada por la benevolencia del generoso látigo. Nos despojamos de nuestros hijos; de nuestra sangre virgen vertida en caudalosos ríos de ésas, vuestras viles fortunas amasadas, salpresadas en el estiércol infame de sus apellidos. Aquí dejamos los huesos del latifundio, vísceras desandantes de la historia proscrita, nuestras molidas muertes, los vagones del hambre, los tranvías mutilados en el afán sin paga de días infinitos.

Tienen razón, señores infalibles —cual sus asqueantes leyes de embudos sempiternos— sustentadores del hurto burlador de los siglos, sigilosos sumarios de arcas insaciables. Togas y birretes, solapas sempiternas, encubridores recios de sus regias estirpes silencian sus saqueos de tallas estatales. Bufones y sicarios de la palabra a sueldo campanean a sus masas el terror de mis sombras. Somos el oropel que invade, la excusa que amedrenta, el extraño que usurpa, la pantalla precisa que oculta la apetencia incurable de vuestra casta impune. Pero ahora nos vamos, dejando a nuestro paso la sentencia inefable de nuestras bravas vidas, que quebrantan sus noches de pavoroso encierro...

Pan y circo —viles testaferros

*—Durante la Copa Mundial de Fútbol del 2014,
el mundo se desangra y nosotros, ciegamente celebramos los goles-*

Pan y circo prescribieron los doctos de la democracia.

¡Entretenedles con migajas e idolatría! —Proclama, el edicto imperial— En tanto, les desangramos al compás de misiles y drones. —Dictaminan los amos de las armas; los cultos traficantes de las corporaciones, los descarnados del mercado y la farmacomuerte.

Sobre sangre inocente los reos de la avaricia celebran sus orgías; degustan bancarias plusvalías. Las proles, distraídas por el mosto mediático otean oasis de progreso... "y por las calles la sangre de niños corría simplemente, como sangre de niños" ardía Neruda —entonces en España; ante el horrendo crimen llovido por el odio. Picasso taladraba los lienzos de la fúnebre escena y Guernica — esputado de aquel horrendo parto, gemía cual infante lactado con su sangre... Hoy, en el Medio Oriente, el horror perpetuado se explaya sobre el siglo descorriendo el telón en repetida escena. La arrogancia se estrena en latitud extrema con el fulgor de piernas, brazos y torsos cercenados —y en lienzos carmesí se siembran las miradas que se niegan a ver. He aquí el hombre y su hambre, lamiendo dedos índices y tú y yo —a fuerza de desidia, enajenados —ciegamente ignoramos el estupor y el llanto que debió indignarnos. Pan y circo nos pudren cual viles testaferros.

Sed de oro

-Al Maestro Jacobo Walters,
por toda la luz que ha sembrado su pensamiento crítico-

"Desde pequeños nos enseñan el valor de la tierra; sabemos que los territorios donde hemos creado nuestras comunidades y construido nuestra cultura, no fue un regalo pues le costó a nuestros mayores muchos años de trabajo en las minas y haciendas esclavistas."

— Francia Márquez,
Líderesa ambientalista afrocolombiana
-Discurso Premio Medioambiental Goldman, 2018-

Terror y muerte es la sed de oro. Ayer fueron el látigo, la espada, el arcabuz y el odio colonizador cabalgando sobre sangre aborigen. La falsa cruz católica de la estaca y la hoguera bautizó el cohecho. Siglos de sangre es la secuela. Hoy se repiten las vilezas. Sicarios —encorbatados con bandas presidenciales al pecho de sus miserias— degüellan con sus decretos el ambiente agonizante, pariendo sombríos vestigios de lo que otrora fueran ríos y plantíos. Más allá de las fronteras, viles corporaciones devastan vorazmente el ámbito campesino. La irracionalidad —calzada en la ignominia— eufemiza, discursa "progreso y bienestar"; embiste brutalmente, siembra desplantes, sequías, inanición, gradual expropiación de vidas ancestrales. La vendimia del oro no es sino suplicio y desesperación de esteros soterrados. La indignación doliente es pan sobre la mesa del pobre desplazado... Llueve el festín del amo sobre el lecho de martirio del que fuera su hermano… Celebridad bancaria es el oropel de mezquindades santiguado en las páginas frontales de los diarios comprados. Los jueces del cohecho y los rangos castrenses —castrados de dignidad— escalan sobre el crimen. Todo es tétrico. Nada parece contener la sed de oro. Nada. Solo su propio miedo es borde de la avaricia. Saben que sobre el campo mustio de la aflicción sin par, el sempiterno grito de voces justicieras se niega a fenecer.

Se va la chimenea...

—A los obreros y obreras de mi Batey
sepultados por zafras generacionales.

Se va la chimenea
se va... Subrepticiamente; movedizamente
se va amordazada; raptada entre las redes
del neoliberalismo mordaz. Se va...
como si la memoria que nos puebla las arterias
fuera desenterrada y abjurara del ente de su suelo
como si el riel ardiente de los siglos henchidos
jamás nos perpetuara la existencia
y las vidas de las vidas
—nuestras vidas hechas humo—
sólo humo fuera
vaho silente de las férreas gargantas,
evaporados afanes entre la hiel de olvidos
y el salobre guarapo de nuestros años idos.

Tal como aquellos anhelos
centrifugados en desiertos del eros,
polvorientos, surcados
por las cuencas del hambre,
explotados, vencidos
en los abismos del prejuicio,
granulados en el olvido
quedaron nuestros ombligos
desterrados
tal como las generaciones cercenadas
por el tiempo y la indolencia...

¿Dónde las manos y brazos mutilados,
dónde la sangre chamuscada en plantíos,
dónde los ríos de hambre
los cuerpos desvencijados
los huesos quebrantados
en el sin fin de afanes sin registro ni gloria?

¿Dónde la identidad?

Un azar de ignominia
suplanta la simiente del ancestro.

Sepulturas abiertas sin lápidas ni nombres
féretros reducidos cual bagazos al viento
desregistran la historia de obreros indomables.

Entretanto, el presente –indolente bachata,
se resaca en la sal del destierro en su tierra.

He aquí,
sin embargo, rugientes las calderas
inmutables testigos de los pechos alertas
cincelando —sin tregua,
interminables horas de entrada y de salida
cual puntadas precisas de todas las mortajas;
el caminar sin fin de los obreros padres
el trajinar sin fin de las mugientes madres
la navaja indolente de tristes meridianos
con sus exiguas mesas repartiendo rutinas…

Se va la chimenea, se va…
Se sucede el asombro. La terquedad inquieta
se ahiedra a sus principios. Se rebela
el despertar abrupto de la niñez que niega
sepultarse en presente
y agazapada vuelve

a correr —bateyera—
tras el olor eterno del hollín nunca ido,
tras el negro cachispa que se le dio por sino,
tras la ilusión-raíz de la vida nunca ida,
pues vuelve
cada vez que el amor le ilumina
los cielos del recuerdo...

Carta a Fernando Batey

Sempiterno Fernando:

Ahora que nos estamos yendo —por ley de vida— resulta inevitable atinarle a la conciencia, levantar las cenizas, rescatar los huesos, dejar claro el panorama, las estelas, los pasos que trillamos en la pluralidad de esa existencia que hoy se viste de memoria. Memoria… cuerda vital a la cual nos asimos para sabernos vivos mientras, cada vez más, las pinceladas se asoman al ocaso y el cuadro colorido se estampa en nuestros ojos tal como es: certero, inapelable, equidistante de las albas y crepúsculos ya idos.

Tú lo sabes, Fernando. Es más, se me hace que siempre lo supiste. Solo que en el vaivén del tiempo el mozalbete cambió de pantalones lo mismo que las calles, la escuela, la novia y el aroma.

Y de repente —y acaso tampoco fue nada de repente; y acaso todo era un simple — *"así son las cosas"*— hasta que ya no importó más, si eras plural o singular, si el yo eras tú, si tú eras yo o aquél. En fin, la existencia aceptó el gris del abandono repetido en centurias repetidas y acaso, de riel en riel, de conito en conito, zurcíamos la vida de quincena en quincena, de tiempo muerto a tiempo muerto, de vagón a vagón; nos molimos, nos aguarapamos, nos centrifugamos, nos hicimos bagazos, rumiantes bagazos, perenne dieta de calderas calcinantes, nos hicimos cachispa al viento bateyero hasta quedar sin nombres.

Tal vez por eso, Fernando, quedamos pincelados en el raudal del tiempo que moldeó la arcilla mas preservó la esencia en ojo-pincel, en las canvas eternas del aliento que aun late... A pesar de las palmas despalmadas que no ondean jamás con aquel verdevida que centellaba a diario, cuando el viento vivaz ordeñaba esperanzas... a pesar del silencio de las locomotoras —otrora invencibles, ciclópeas— acarreando vagones infinitos con chillido de niños jugándose la vida por los gajos de cañas peladas con bravura de dientes blanquecinos —heroicas hazañas de la niñez eterna... A pesar de la —hoy, diminuta dimensión del puente del Ingenio; de aquel puente —ícono singular— que diariamente y sin horario unía el amor que las madres excelsas emanaban desde sus solemnes cocinas hasta el íntimo rincón de la factoría donde los padres regios engrasaban el milagro del honesto sustento. Esos padres plurales venidos de los campos y bateyes en el enano tren traían en sus cantinas y en sus lomos la certidumbre del día amarrado al cinturón de la perseverancia.

A pesar de la ausencia del autobús de obreros venidos desde el patio mayor de Barahona, los obreros del pueblo, forjadores también del batey y su historia, sólidos troncos, todos, Fernando, todos, preñaron madrugadas lluviosas, ardientes mediodías; todos, Fernando, todos, extendieron crepúsculos llameantes hasta entibiar las noches —a la luz de faroles— en los campos y fincas que nunca fueron suyos.

Todos, también ellas, nuestras madres también fueron obreras de las zafras sin fin. Amaron a la luz de la luna, platearon los trapos en las rigolas de los cañaverales, cocieron sus vidas en fogones de penas y con épico temple —ente de sus entrañas— nos blanquearon el tizne del absurdo calendario, preñado de injusticias. Todos ellos, Fernando, llevaron en la piel a los otros fernandos que paralelamente somos y seguiremos siendo, atados al cordón umbilical de la epopeya bateyera...

¿De qué lado del dolor duele la pena?

> "Alguien concibió un pájaro de canto alucinado
> y lo enterró en mi pecho desnudo de regresos."
>
> —César Sánchez Beras—

¿De qué lado del dolor duele la pena?

Duele —de doler, el silencio tragante. Arde la llama sobre la llaga abierta —angustia alada sobre el llanto distante. Duele la oscuridad parida a oídos sordos; grita a volcanes la solidaria voz que quiere ser de todos y sin embargo, huérfana de cálido tacto, entristece tajante el aura de su canto. En tanto… cuerdas, cueros y versos brunos desnúdanse al unísono mientras el río corre allende el abandono.

(El poeta divaga negando el cadáver de su ausencia.
El hombre se esconde, enmascara el destierro que ha marcado su esencia)

Ígnea, la herida vertida a ras de olvido cierra el ojo doliente al horror de la vida: tres estaciones raídas, un eslabón perdido; desolación rompiente —terror de lo vivido— ruptura inevitable, mutilación del ser; pretérito innombrable, desquicio del querer…

(El hombre lleva a cuestas a un poeta mudo.
Escarba en los rincones de la madrugada y claudica sin respuestas)

Sin brújula ni albas, se desdibuja el ente sin espacio ni sueños. Óleos de soles solos se apagan sin reparos en la sed del misterio.

'Redentores' —*Óleo del poeta y artista plástico Jimmy Valdez-Osaku*

A tu otro tú

— A la Otredad y Alteridad que me habitan —

Asqueado del silencio y de la indiferencia de ese otro que soy —y que adrede me ignora— con un espejo a cuestas vengo a soterrar tu ocio, tu solaz existencia aferrada a un ahora que no advierte mañanas.

¿Escéptico? Aférrate a tus plantas. Otéate. Descúbrete en el que ves. Mírame en ti. Yo soy tú. Admítete plural. Caldo de cultivo, objetivo de las deformadoras campañas. Mosto de publicistas. Elemento de consumo. Consumidor consumado, competidor, alienado ente. Duerme la siesta. Duerme... En tanto tu otro tú, el que en ti conjuga haberes en vez de los deberes, castrado ya de entendimiento y alma, se arma para negociar; perfora el techo que por cielo tenemos, defeca más que mierda sobre el mar; en el sacrosanto nombre del progreso despeina la tierra más cosecha su hambruna. No importa. Tú duermes mi siesta. Yo duermo la tuya. Contaminemos, engañemos, juguemos a los números, acomodemos mortales estadísticos, discursemos; después de todo los otros yo también duermen... duermen —y también y nos ignoran.

Carta al Tío James Baldwin

> *"Distingo una cosa de la otra...*
> *Sé que nací negro, sufriré y moriré.*
> *La única forma de atravesar la vida,*
> *es saber las cosas peores sobre ella.*
>
> *He aprendido eso porque tuve que aprenderlo.*
> *Pero, infiero, que tú sigues pensando*
> *que el negro es necesario.*
> *Bueno, él es innecesario para mí.*
> *De modo que él es necesario para ti.*
> *Así que te devuelvo tu problema:*
> *Tú eres el negro, mi hijito, no yo".*
>
> -James Baldwin-

Querido Tío James Baldwin:

Mi ombligo bateyero danza el ra-rá del abuelo Titón, padre del balsié, el tantán y el bambú. Titón-conuco, labrador de memorias llegadas del oeste de esta isla parida de etnias eludidas al vaivén colonial del amo misterioso. Tanto trinó la rueda de la argucia oficial que en la oreja del tiempo estamparon la tez, de espaldas al crepúsculo, al sol del ente mío. Y al envés de mi nombre colgaron de mi cuello el sutil eufemismo que arrastro todavía.

En la sombra del tiempo, desdibujado, existo tal como ellos. Tú lo advertiste Tío James: *"Ellos están, en efecto, aun atrapados en una historia que no entienden y hasta que la entiendan, no podrán liberarse de ella."* Yo tampoco. Por ignorancia y por olvido —combinación letal que me empreña alienante— me desprendo del nudo de los mangles, del eslabón cocolo que me plasma las venas; del rapusít ancestral que pinta el sempiterno paladar de mi suelo dulzón, del salobre sendero que trillaron las hembras domesticando témpanos de desprecio y desdenes.

Anclado en la nada del ser que me fue asignado, desdigo del pincel y me proclamo prieto-moreno-pirimoreno-indio-indioclaro-lavaíto. Me aferro, en fin, al arcoíris del eufemismo para asentirme todo, menos negro. Y me juego la vida al compás del merengue que proclama la antítesis del que soy y del "Otro".

"A mí me llaman el negrito del Batey
porque el trabajo para mí es un enemigo
el trabajar yo se lo dejo todo al buey
porque el trabajo lo hizo Dios como castigo".

(Una vuelta al compás de la batuta que me aliena.
 Un jaleo de ira y rebeldía: ¡el mabí entre mis venas!)

El uno que hay en mí, sólo lo admite y lo digiere al compás del pentagrama alienante creado por el Otro me crea y me crece inferior, de cara al espejo que erige frente a mí. Por ello, sin duda me he perdido, Tío James. Se me ha perdido un niño en el Batey. Desmemorizó los cuentos que contaba aquel terso Tibú, en el creole vedado entre zafras ocultas. Extravió la fonética que devino en gagá; con su candente ritmo:

¡Se montó Marielá!
Caderas de calderas
cimbrean las arenas del cayo en luna llena.

¡Se montó Marielá!
Resuena África plena
sobre el riel infinito de mi azúcar morena.

¡Se montó Marielá!
Se pincela el Batey:
rojo cual carmesí, rugiente entre mis venas.

Pero ¡oh, Tío James! Brama
—como tumba cíclica que nunca ha de cesar—
la chimenea humeante de vidas por calcinar...

Se me ha perdido un niño en la altivez foránea que enhestó mi inferioridad con catecismos fatuos, plenos de oscuridad.

Se me ha perdido un niño, Tío James. Olvidó los ramales ardientes que alegre recorría tras el rico bombón de Miss Farril, el biembesabe plural de Madelena, el no menos suculento flan de Madam Evá, o el incitante manjar parido de la magia de Degás y de Chota, de Lamesí y Osamí; que, al igual que Madam Marielá, amasaban el éxtasis con sus inolvidables manos.

El otro, Tío James, por suerte aún subsiste en los sabios zapatos de Anastás y las simples hojaldres de su mujer Isnená, en el sólido lar de los valores puros, en el solemne ejemplo del cocolo llegado con legado profundo de templanza y sapiencia. Ya lo dijiste Tío-Maestro: *"tú vienes de una recia estirpe de campo y monte. Hombres que recogieron algodón, domesticaron ríos, construyeron ferrocarriles y entre las fauces de probabilidades aterradoras, lograron una irrefutable y monumental dignidad."*

El otro, Tío James, más allá de las fronteras y el destierro, espeja la esencia transparente de su raíz bateyera. Se descubre en el vientre de luchas justicieras. Allende las fronteras del fraude; (el "over") en los cañaverales; más allá de los códigos deshumanizantes del Estado —un Estado apresado por mentes coloniales— desde el suelo sangrante de los barrancones, a los campos-semilla de sudores y amores, traspasando oleajes y el lejano horizonte, derribando paredes de difusos prejuicios; la identidad, el ser, se sabe negro ¡al fin!, mi pecho milenario alcanza a proclamar: *"mi calabozo estremeció y cayeron mis cadenas"*.

Tuyo es el rostro de mi espejo

> *Con mis pies intento reescribir la historia,*
> *ayer lo hice con las manos*
> *y se llenó el mundo de fronteras.*
>
> — José Segura

¿En qué lugar de tu cielo puedo colgar mi espejo?
¿En qué rincón de tu historia puedo inscribir mi nombre?

Sí, mi nombre
Yo, Juanyuca, cazador reluciente –ente pleno.
Yo, que nací y morí en tu tiempo,
yo, pescador madruguero –hoguera de las albas
yo, trigo ondeante, trepador de crepúsculos
yo, preñador de palmeras y sus lunas caribeñas.
Yo, Guaroa, Agüeybaná, Hatuey… Taíno singular
Yo, negro no bautizado; alzado —en rebeldía—
sin cruces ni medallas
sin títulos ni dueños
sin pólvora ni reino
sólo con pies descalzos y besos de la tierra
con mi maniel al cinto —preñado de rebeldía—
vengo a buscar el nombre de los encomendados
ayer ante la espada, el garrote y el látigo
—lengua y cruz del Imperio—
y hoy ante el misil, y el mercado,
diplomacia de bombas y su siembra de muertes
en la incontable lista de los que no nacieron.

¿En qué página lees mi nombre ensangrentado?
¿En qué idioma lees los latigazos sobre mis espaldas?
¿Cuánto oro sacaste de mi cuerpo desvalido?

¿Dónde quedó la gloria de mi muerte en tus manos?
¿A cuántos Lembas-mártires, condenaste al olvido?

Los ríos de la historia no registran mi nombre
y el tuyo lo tiñeron con sangre de las minas.
A pesar de los truenos clamando libertad
a pesar de los ruegos, tratando de entender,
los por qué fueron mudos como heridas sin tregua
sólo templos quedaron de nuestros huesos secos
sólo estatuas quedaron de nuestras almas rotas.

¡Con glóbulos rojizos te ceñiste coronas!
¡Con sangre de mis hembras impusiste diademas!
¡Con sangre de mis madres pariste tus conquistas!
Con sangre de mi sangre pincelaste la historia.

Tu historia:
indulgente el garrote —persuasiva la cruz.
Egregio el linaje —honorable la casta.

En tanto, el oropel todavía cuestionaba
si mi sino era digno de llamársele alma.

Y nos hicimos viento, espíritu y montaña.
Leyendas olvidadas como espigas cortadas.
Árboles humeantes, cenizas, polvo... nada.

"¿Con qué derecho y con qué justicia
hacéis tan detestables guerras?"

—Clamó la justiciera voz de Montesinos.
Mas eran solo sordos, los dueños del destino.

No traspasó los mares, la voz de la conciencia.
La muerte —horrenda muerte, horrenda—
atravesó los ecos de la tierra
y el yugo yugulante con su dolor de siglos
se sembró en El Caribe, ojo de la extinción.

Negra entonces la sangre negra abona los plantíos.
Negra taína negra ¡sangre! Taína negra, taína.
Rojinegros los surcos de la rabia y del látigo golpeante.
Taína negra taína ¡sangre! Negra taína, negra.

Blanca la ira —blanca— negra la muerte, negra.
Blanco el verdugo —blanco— negra la muerte, negra.
Blanca la sed de oro —blanca— negra la muerte, negra.

Blanca la plusvalía —-blanca—-negra la muerte, negra.
Blanca la mano del amo: negra la muerte, negra.
Blanca la hostia —blanca— negra la muerte, negra.

Blanca la bendición —la cruz— negra la suerte, negra.
Blanca el ama —la Doña— negra la criada, negra.
Blanco el amo —el Don— negro el criado, negro.

Alzado orgullo allende lomas puras
el Cimarrón rompiente desafía al infortunio;
negador del oprobio, rompe las ataduras.
Hirviente pecho abierto como un tenaz diluvio
negro tambor mulato, rompe la noche obscura:

"Esclavo soy, negro nací
negro es mi color y negra es mi suerte..."

Alzado orgullo allende lomas puras
el Cimarrón rompiente desafía el infortunio;
negador del oprobio, rompe las ataduras.

Hirviente pecho abierto como un tenaz diluvio
negro tambor mulato, rompe la noche oscura:

"Cimarrón, son son cimarrón"
Negro-indio, mestizo alzado
"Cimarrón, son son cimarrón"
ombligo mismo del criollismo
"Cimarrón, son son cimarrón"
pinta de negro la geografía
"Cimarrón, son son cimarrón"
pare el azúcar con tu sudor
"Cimarrón, son son cimarrón"
sigue luchando de sol a sol
"Cimarrón, son son cimarrón"
quiebra la suerte de tu opresor
"Cimarrón, son son cimarrón"
puñal, machete, piedra y tambor
"Cimarrón, son son cimarrón"
que un día dirás, lleno de alegría
"Cimarrón, son son cimarrón"
¡Vencí, ¡por fin! ¡Esta Patria es mía!

¡No planches Pancha con cuatro planchas!
Ni con tres ni con dos ¡con ninguna!
No planches más —como esclava— ¡ni una!
Cimbrea la cintura serpentina ¡remenea!
Resueltos tus pechos sudorosos ¡hembrea!

*"¡Ay mi Negra Pancha vamo' a bailá!
Que los negros libres un día serán…"*

De la garganta, Cimarrón, no me sale la voz
para cantar y cantarte, si tú no la haces coro.

¿Cómo ignorar el pentagrama de tus penas?
¿A quién puedo negarle que la Patria eres tú?

Tú, plural humanitario, átomo de Whitman,
aquél que fui sin ser, imagen de la nada.
Hoy —lo mismo que tú— soy la historia y la luz
memoria de todo lo ocurrido:
el hambre de las hambres, la lucha de las luchas,
el fuego del frío y la noche del día,
la mujer en el hombre y el hombre en el viento
rico cuando te cuento y miserable cuando te niego.
¡Hermano! ¡Hermano! ¡Hermano!,
que moriste conmigo para nacer en todos.

White Privilege

—El 30 de abril del 2010, portando armas largas, participantes de la "American Patriot Rally" ocuparon el edificio del congreso de Michigan.

Helos ahí: "patriotas" de Michigan con sus gorras MAGA sobre sus blancas cabelleras. Con su arrogancia blanca, con sus blancos privilegios, con sus insultos blancos justo a milímetros de las blancas caras de sus blancos policías... Sin sus máscaras blancas pues blanca es también la impunidad de la blanca justicia, de los blancos gendarmes, como blancas las túnicas y las capuchas blancas de su blanco KKK. No hubo arrestos. No los hay en las blancas "demostraciones" de los blancos "citizens". Los blancos no "protestan", no. Ellos demuestran su blanca superioridad. La disrupción nunca es blanca. No hay esposas para las blancas muñecas. No hay *"law enforcement"* para los blancos desafiantes. Tienen derecho a todo. Portan sus armas letales. Con ellas fortalecen sus blancos argumentos. Tienen razón en todo. Desde su Casa Blanca reciben los mensajes de la blanca exención sobre el virus mortal. Helos ahí celebrando la muerte...

Labradores...

*—En honor a los inmigrantes trabajadores agrícolas
y a propósito de una fotografía de Andy Holzman—*

Ellos
abiertamente y sin dobleces
encaran sus desafíos,
reniegan el absurdo,
vencen, anegan a las vicisitudes.

A golpes de perseverancia y dignidad
beben albas y crepúsculos,
cosechan esperanzas
pueblan, más que de frutos,
el plato del hambriento.
Ellos,
los desarraigados
los soslayados obreros agrícolas del día a día
los de cosecha en cosecha
aquí, allá,
doquiera que la vida demande de sus brazos
braceros de la labranza, urgentes jornaleros
tenaces y valientes
hombres, mujeres y niños
familias enteras sembradoras de vidas,
¡Vencen! ¡Son héroes!

... Y sin embargo,
tan ajenos a los noticiarios
tan inadvertidos en los sermones

tan prohibidos
tan desaparecidos e invisibles
tan "no son nadie" para los periódicos
tan rechazados y amordazados,
tan descartados en las cortes,
recursos de amparo y sin apelaciones
tan ausentes de las mesas opulentas
en donde la avaricia celebra plusvalías.

Ausentes, ausentes, injustamente ausentes…

La bota sobre el cuello

—A los mártires de Black Lives Matter
a propósito del mural BLM en Worcester—

Sobre el cuello de la Historia
hay una bota negra
asfixiante, ella
lleva por dentro el peso del blanco dominante.

Las manos de la Historia
están atadas a su espalda por grilletes modernos
—blancos, de plástico cortante
constriñen también los pies
a la altura del negro tobillo
de la Historia que exhalando gime:

"¡No puedo respirar!".

La bota ancestral, poderosa
se sabe autoritaria, indolente es
al clamor de la Historia.
Apática al cuello
a la vida apagada
bajo su blanco peso de centurias
la bota blanca perpetúa
una asfixia de siglos
cíclica, castrante.

Discrimina, persigue,

acusa, golpea
encierra
deshumaniza
sepulta los sepulcros
para esconder la Historia

la misma Historia muerta bajo su bota.
Muerta, ignorada, silenciada, proscrita

la Historia vestida, maquillada, peinada
al rigor de la bota opresora de siglos
se repite en las calles, en las cárceles,
se desdice en las escuelas
se niega en los altares
se hace tuerta en los tribunales.

No importa el nombre de la Historia.
Tantos han sido que uno más de sus hijos
bajo la bota es eso: uno más. Y otro más
igual que ayer y mañana otro más
hasta que un volcán de cuellos asfixiados
revienta el universo tras aquel otro muerto
(que no ha de ser el último de los muertos)
brotan como lava todos los muertos del pasado
con el grito presente por las calles plurales
con el clamor del mundo que indignado anega
las paredes del odio, la estructura del odio,
con un ¡basta! oceánico quebrador del oprobio
un latido telúrico, un alud vocifera:

¡No puedo respirar!

Y las calles se pueblan de pechos indignados
y en todas latitudes y de todas las razas
sale el estruendo unísono, el estrépito único
quebrador de las botas genocidas, irrumpe

el fragor reluciente decidiendo el futuro
sin las infames botas
sobre la nueva Historia
que ha de escribir el Pueblo.

Y aquí estamos...

Y aquí estamos... Obnubilados como pubertos imberbes, danzando separados ese vals colonial de quinceañeras. Aquí estamos, renegando de nosotros mismos; desperiquiando al perico visceral que llevamos en las ardientes venas de la historia acomodada; descarrilados con urgentes urgencias rutinarias vendidas en los medios que maman presupuestos desde las suntuosas oficinas del oficialismo rumiador de eufemismos: la flor y nata maquillada con el barniz de "los logros logrados"

Y aquí estamos... Sordos y prestos, jugando al juego programado en los linderos del común enemigo. Aquí estamos: distraidos, borrados, diametralmente indigestos... (*Divide y vencerás* —es la máxima integrada, farsa eficaz desgranante de mentes). En tanto, los de arriba, los siempre apellidados, con sus enceradas, sutiles, protocolares y clericales manos, hilan las hordas del desasosiego; trillan los tuertos caminos en los que nos descalificamos, nos acusamos y nos recusamos puerilmente, como rio rumiante que marcha hacia el olvido. *"Misión cumplida"* discursa, festeja el pensamiento colonial-colonialista. Tras el telón de la farsa, cumplido el calendario, soterrado e ignorado, el heroismo de los que araron con sangre y sus bravuras el pan de la esperanza, queda reducido a las protocolares ofrendas florales.

Y aquí estamos... Asiestados, *curados de espanto*, ante el foco de las cámaras que cuentan y descuentan al filo de la impunidad... Mientras, a ojos abiertos, con mandarria y dictámenes, nos roban, nos arrebatan, más que la imagen, el país que amamos, el ente, el pensamiento alado, el lado humano que todavia nos queda...

CRÉDITOS A LOS RECURSOS INTERTEXTUALES

Pg. 37 - *"las ganas de morirse"* —Pedro Mir

Pg. 45 - *"tira pa' lante que empujan atrás"* —Joan Manuel Serrat

Pg. 79 -Acróstico JULIO BRITO —Dagoberto López Coño

Pg. 109 – *"cerrarle los ojos a la noche"* -José Segura.

Pg. 92 – Pan y circo —viles testaferros – *"y por las calles la sangre de niños /*

Pg. 149 – "Corría simplemente como sangre de niños" —Pablo Neruda.

Pg. 131 – *"la desapasion de la memoria"* —Dr. Mario Pereyra

Pg. 133 – *"que por doler"* —Miguel Hernández

Pg. 166 –*"¿Con qué derecho y con qué justicia, hacéis tan detestables guerras"?* —Fray Anton de Montesinos

Pg. 167 – *"Esclavo soy, negro nací, negro es mi color y negra es mi suerte"*
Pg. 168 –*"Ay mi negra Pancha vamo' a bailá
que los negros libres un día serán"*
—Eliséo Grenet—

Pg. 168 – *"Cimarrón, son son, Cimarrón"* – *Dagoberto Lopez Coño*

Pgs. 161 a la 164 – *"Ellos están, en efecto, aun atrapados en una historia que no entienden y hasta que la entiendan, no podrán liberarse de ella."* —James Baldwin.

"A mí me llaman el negrito del Batey
porque el trabajo para mí es un enemigo
el trabajar yo se lo dejo todo al buey
porque el trabajo lo hizo Dios como castigo".

—Merengue popular interpretado por Joseíto Mateo y Alberto Beltrán; letra de Medardo Guzmán.

¡Se montó Marielá" -Expresión popular del Batey Central Barahona,
aduciendo al estado de trance en que entraba la popular bailarina de Gagá.

Pg. 163 *"tú vienes de una recia estirpe de campo y monte. Hombres que recogieron algodón, domesticaron ríos, construyeron ferrocarriles y entre las fauces de probabilidades aterradoras, lograron una irrefutable y monumental dignidad."*
—James Baldwin.

"mi calabozo estremeció y cayeron mis cadenas". —James Baldwin.

CRÉDITOS A LAS FOTOS CONTENIDAS EN ESTE VOLUMEN

Pg. 33 *Alma Mater UASD*
https://uasd.edu.do/periodico/images/stories/almamater7.jpg

Pg. 39 *Los Palmeros -Héroes del 12 de enero, 1972.*
https://eldia.com.do/los-palmeros-comando-de-la-resistencia-ejemplo-de-valentia-y-sacrificio-2/

Pg. 42 *Collage; 'Caamaño, Coronel del 56 y Román, Comandante del 1973'*
https://www.facebook.com/imagenesdenuestrahistoriard/photos/a.663571460344894/5061058523929477
https://www.facebook.com/GobernanzasDigital/photos/a.2197668656979474/3698720620207596/?paipv=0&eav=AfbqspuC9IFFGaWPgOKeVjz2zCl3gBrLuMgEOvklHMH83x5QpIhAjId0rp1MjoxyH-c

Pg. 44 *Collage: "En nuestra UASD"*

Archivos de Alejandro Paulino Ramos, Miguel Erfelg y del autor Juan Matos

Pg. 49 *Collage: "El país de los olvidos"*

Trujillo y la Iglesia Católica:
https://listindiario.com/ventana/2017/11/26/492125/iglesia-y-trujillo-benefactor-de-la-iglesia

Balaguer y Trujillo:
https://lavendatransparente.wordpress.com/2007/11/04/

relacion-de-trujillo-y-balaguerrazones-verdaderas-de-su-vinculo-de-31-anos/

Balaguer y los militares:
https://acento.com.do/cultura/1975-los-jefes-militares-provocaron-peligrosa-crisis-al-oponerse-decision-del-presidente-balaguer-8441178.html

Agripino Núñez Collado:
https://cdn.com.do/destacados/fallece-padre-monsenor-agripino-nunez-collado/

Nicolás de Jesús López Rodríguez:
https://commons.wikimedia.org/wiki/File:Cardenal_Nicol%C3%A1s_de_Jes%C3%BAs_L%C3%B3pez_-_Pascua_2013

El Faro a Colón:
https://www.travel-dominicanrepublic.com/historia-de-republica-dominicana.html#sthash.Mb5usSe8.dpbs

Pg. 62 *Collage: "Supongo que debemos estar muertos"*

Las mujeres marchan en Abril del 65:
https://peoplesforum.org/event/fuera-yankis-santo-domingo-1965-la-revolucion-dominicana-y-sus-multiples-interpretaciones/

Caamaño y El Pueblo 14 Junio 1965:
https://www.metrord.do/do/entretencion/2019/04/23/la-revolucion-abril-contada-documentales.html

Pg. 65 David Left for America

Escultura del artista, educador y gestor cultural Alfred Moskowitz (Pai Alfred)

Cortesía de su esposa, Rhina Espaillat (Rhinamai), educadora, poeta, narradora, traductora, ensayista y gestora cultural dominico-americana.

Pg. 69 *Collage: "Dominicanos en Wheaton College, Massachusetts-USA"*

Cortesía de Juan Ernesto Matos Díaz -Juanchi-

Pg. 75 *Azúcar, Cayo y Puerto*

Archivo del Juan Matos -Portada de la primera edición de ACP, en el 2002

Pg. 80 *Julio Brito (Muemén)*

Cortesía de Ramón Velásco Wilson (Cabeza)

Pg. 83 *El puente del ingenio*

Cortesía de José Manuel Matos Méndez -Chiqui-

Pg. 85 *Los Blocks y Las Salinas*

Cortesía de José Manuel Matos Méndez -Chiqui-

Pg. 89 *Cañaveral de Palo Alto -Barahona-*

Archivo del autor Juan Matos

Pg. 90 *Niños sin noche*

Archivo del autor Juan Matos

Pg. 115 **https://www.instagram.com/p/CQ4-Fw6BuVE/**

Pg. 143 *José Mesón*

Cortesía de su hija Darlene Mesón Holmes

Pg. 145 *Cologüí*

Cortesía de Angel Thomas Kelly -Macho

Pg. 153 *Mi cayo y el Tanac*

Archivo del autor Juan Matos

Pg. 157 *Un Fernando bateyero*

Archivo del autor Juan Matos

Pg. 159 *Redentores*

Óleo del poeta y artista plástico Jimmy Valdez

Pg. 173 *Identidad bateyera*

Óleo del artista Fernando Tamburini

Índice

TEMBLOR DE ESPEJOS: UNA RADIOGRAFÍA DE SU CREADOR	i
EL PORVENIR: UN SUEÑO, UNA UTOPÍA Y UNA QUIMERA ENLA POETICA DE *TEMBLOR DE ESPEJOS*	vi
TEMBLOR DE ESPEJOS: LA MEMORIA EN EL TIEMPO	xxv

DE LOS CUADERNOS UASDIANOS
(1976 – 1985) PRIMEROS PANFLETOS ... 33

Yo, un homicida voluntario	34
Adolescencia	36
Hierve la sangre	37
Con rabia inexcusable	40
Román, nunca supimos…	41
Aquí, en la UASD…	43
Tarjeta para una quinceañera	46
Elecciones generales	48
El país de los olvidos	49
De espaldas…	51
Palabras al Señor de las alturas	52
Supongo que debemos estar Muertos	61

Desde el exilio económico
Primeros inviernos
-New York 1985 – 1997   63

Retrato   63

La ilusión de la memoria   64

En el exilio de divisas   66

Las cumbres genocidas   67

De la diáspora…   69

De mi identidad   71

David, más vale que lo creas   72

La sentencia   73

¿Será Poesía?   73

En las calles del Bronx   74

Azúcar, cayo y puerto   76

Telaraña es el tiempo…   91

Barahona, una postal   92

La cuerda rota   93

Gitana   95

La otra gitana la bailaora retirada   96

Este presente es verde   97

Usted sabe, Maestra   98

Se me rompió la vida, Viejo…   99

Temblor de espejos   102

Desde el exilio económico
Inviernos en Massachusetts
1997 – 2020   103

No me da miedo comenzar de nuevo   104

Al "dios" dentro de mí   105

De soles abiertos,   106

Hacia la edad de verbo   107

Soliloquio   108

Me ha asaltado el poeta   109

Al poeta silente que me habita   111

Son plenero para Puerto Rico   113

…Y tú, Hijo del Imperio   116

El eco anónimo   125

Las hienas del Poder   126

Allende de nuestro septiembre   127

El midas cavernario   128

En la espinosa pendiente del decoro   129

Del estático lar   131

De tu pena poeta, de tu pena   133

Ante una foto del cayo   134

Bendita sea la memoria   136

Responso de la mesa   138

Mema, mabí   140

Osamí es bateyera   141

José Mesón, memoria histórica	143
¡Coño, Cologüí!	145
Tienen razón, patriotas de la alcurnia	147
Pan y circo —viles testaferros	149
Sed de oro	150
Se va la chimenea…	152
Carta a Fernando Batey	155
¿De qué lado del dolor duele la pena?	158
A tu otro tú	160
Carta al Tío James Baldwin	161
Tuyo es el rostro de mi espejo	170
White priviledge	171
La bota sobre el cuello	173
Aquí estamos	175

COLOFÓN

Esta edición de *Temblor de espejos*, de Juan Matos ha estado al cuidado de Books&Smith y ha sido completada en el mes de marzo del 2024 en los Estados Unidos de América.